JN417916

쑤쑤 아줌마
쑤쑤 코이카

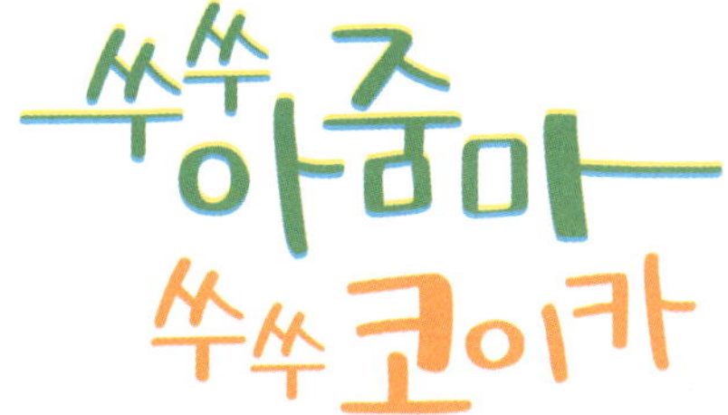

김경희 지음

머릿말

내가 어렸을 때는 책이 귀했다. 살림살이가 빠듯했던 부모님은 책이라고는 교과서만 사주셨는데 이웃집도 별반 다르지 않았다. 그래서 어느 날 친구 집에 놀러갔다가 컬러판 그리스로마신화를 보았을 때 책에서 눈을 뗄 수가 없었다. 그날 이후 그 친구 집을 뻔질나게 들락거리며 책을 빌려 보았고, 독서의 즐거움을 알게 되었다.

감수성이 예민했던 중학교 시절에는 시를 즐겨 읽었는데 특히 윤동주의 시는 내게 깊은 울림이 되었다.

'하늘을 우러러 한 점 부끄럼이 없기를…'

살면서 선택의 기로에 섰을 때마다 이 시구가 생각났다. 그렇게 글이란 자신을 오롯이 보여주는 것이고, 다른 사람에게 울림을 주어야 한다고 생각했다.

국내훈련을 받을 때, 봉사활동한 경험을 글로 써서 보내면 책을 내준다는 말을 들었을 때 솔직히 살짝 솔깃했다. 하지만 오지에서 어려움을 이겨내며 성과를 내는 젊은 단원들이 도전할 만한 일이지, 내가 파견될 태국에서는 책에 담을 만한 일들이 있을 것 같지 않아 마음에 두지 않았다.

나는 그저 새롭게 시작한 나의 인생을 기억하고 싶어서 일기를 쓰기 시작했다. 합숙 훈련하는 날부터 일정이 고되어도 '이 나이에 이렇게 살 수 있는 것은 대단한 축복이야'라고 생각하며 짬짬이 기록했다. 현지에 파견되고 나서도 쓰는 일을 계속했다. 기록으로 남길 만한 일이 더욱 많아졌을 뿐만 아니라 혼자서 지내다 보니 나 자신과 대면하는 것이 일상이 되었기 때문이다. 그러나 나의 일기는 지극히 개인적인 흔적일 뿐이라고 생각했다.

생각이 바뀐 것은 KOICA 태국사무소의 이름으로 '한국어 기초' 공동 교재를 만들고 나서였다. 태국에 흩어져 지내는 단원들이 일 년에 한 번 모여 업무평가회를 할 때, 내가 만들어서 사용하는 교재를 가져갔더니 단원들의 평가가 좋았다. 나 말고 교재를 만든 동기 단원이 한 명 더 있었는데 그것도 반응이 좋아서 사무소 측에서 공동으로 교재를 만들어 보라고 제안을 했다.

우리는 곧 본부에 협력사업 신청을 해서 두 달 만에 공동 교재를 완성해 놓고 귀국했는데 그 교재가 나온 지 두 달이 채 못 되어 인쇄한 것이 모두 소진되었다는 메일을 받았다. 가슴 뭉클한 일이었다. 우리나라에서 만든 교재는 물론이고 태국에서 만들어진 것도 많은데, 현장에서 경험한 것을 바탕으로 만든 우리 교재가 후배 단원들에게 선택되었던 것이다.

그 일이 있고 나서 KOICA 단원으로 활동했던 일을 책으로 엮어 봐야겠다고 마음을 먹었다. 나이 쉰에 KOICA 생활을 한 나의 경험이 누군가에게 도움이 될지도 모른다고 생각한 것이다. 해가 갈수록 해외봉사활동에 전문적인 업종에 근무했던 시니어의 수요가 늘고 있는데 비해, 이를 홍보하는 책자나 뜻을 둔 사람들이 참고할 만한 책은 별로 없는 것 같아서 서툴지만 시도해 보기로 했다.

이제 KOICA를 통해 내 경험담이 책으로 나오게 되었다. 개인적으로는 감사하고 뜻 깊은 일이지만 한편으로는 조심스럽기도 하다. 2년 동안 있었던 일을 오롯이 보여주는 것이 쉽지 않았고, 지면상으로 다 풀어놓을 수 없는 어려움도 있었다. 하지만 이 책이 KOICA를 더 많이 알리고 나와 같은 시니어들이 보다 많이 참여하는 데 도움이 된다면 더 이상 바랄 것이 없겠다.

이 책이 나오기까지 많은 사람들에게 도움을 받았다. 이 자리를 빌어 고마움을 표하고 싶다.

우선, 장기간 떨어져 지내야 하는 모험과도 같은 일을 받아들이고 기회를 준 남편에게 제일 먼저 감사한 마음을 전한다. 그리고 엄마의 인생을 살아 보라며 박수쳐 주고, 내 글이 책으로 펴낼 만한 가치가 있는 일인가 고민할 때 용기를 주었던 아들딸에게도 감사하다. 또한 중도 귀국하는 일이 없도록 건강관리를 잘 해주신 시어머님과 부모님께도 감사하고, 맏며느리의 공백을 메워준 동서들에게도 감사하다.

무엇보다도 현지에서 동고동락한 우리 동기 단원들에게 심심한 감사를 표하며, 도움을 준 모든 현지인들에게도 감사의 마음을 전하고 싶다. 마지막으로 책으로 나올 수 있도록 길을 내준 KOICA와 좋은 평가를 해주신 심사위원님들과 책을 만드느라 고생한 편집진께 깊은 감사를 드린다.

2014. 6. 20.

김 경 희

목 차

목 차

3장
한국어 선생님으로 살기

4장
어울려 살기

목 차

5장
이방인으로 살기

6장
봉사활동

1 장

오래
간직한 꿈

나는 별난 사람이 아니다

나는 이 시대를 살아가는 지극히 평범한 사람이라고 생각한다. 하지만 나를 아는 사람 중에 절대로 평범하지 않다고, 대단하다고 말하는 사람들이 많다. 아들에 이어 딸까지 명문대에 진학하자 그 말을 듣기 시작했는데, KOICA 봉사를 다녀온 뒤에는 그 말을 하는 사람들이 더 많아졌다.

하지만 나는 그저 이 땅의 다른 엄마들처럼 정성을 다해 아이들을 키웠을 뿐이고 열심히 살았을 뿐이라고 생각한다.

큰아이가 돌 지난 지 얼마 안 되었을 때, 글자에 대한 집중력이 뛰어난 것을 발견하고 한글 프로그램을 구입해 가르치고 싶었다. 그 당시 남편의 월급이 50만 원 정도였는데 교재 가격이 10만 원이었다. 시어머님께 생활비를 보내야 하는 빠듯한 살림살이에 무척 큰돈이었다. 그래도 큰맘 먹고 구입해서 가르쳤다. 그랬더니 신기하게도 만 24개월밖에 안 된 아이가 한글을 읽었고, 책을 좋아하는 아이가 되었다.

그 후, 교육비를 벌기 위해 일을 하고 싶었으나 남편의 반대에 부딪혔다. 아이들이 너무 어리다는 것이다. 그래서 큰아이가 6살, 작은아이가 4살이 되었을 때 이웃 아줌마에게 아이들을 돌봐 달라고 부탁해 놓고 남편을 설득했다. 남편은 마지못해 허락했다.

그때부터 일을 그만둘 때까지 14년 동안 슈퍼우먼으로 살아야 했다. 밖에서는 직장인, 안에서는 주부 역할을 해야 했고, 설상가상으로 시댁에 보증 서 준 것이 잘못되어 경제적으로도 엄청난 어려움을 겪었다.

내가 버틸 수 있었던 것은 아이들 덕분이었다. 아이들만 보면 힘이 났다. 웃음의 원천이었다. 다행히 아이들이 잘 자라 주었고, 독서논술을 지도하는 나의 일이 자녀 교육에 많은 도움이 되었다. 아이에게 좋은 책이나 정보를 제공할 수 있었을 뿐만 아니라, 아이들의 성향에 따른 교육법과 이론들을 아이에게 맞게 적용할 수 있었던 것이다. 하지만 이런 것보다 더 좋았던 것은 다양한 학생과 학부모를 만나면서 공부를 잘하는 아이로 키우는 것보다 좋은 품성을 가진 아이로 키우는 것이 더 중요하다는 것을 절실히 깨달았던 것이다. 똑똑한 아이가 성격이 모가 났거나, 성적이 매우 우수한데도 미소가 사라진 아이를 보면 참으로 안타까웠다. 그래서 부모의 욕심이 앞서지 않도록 '과유불급'을 써놓고 수시로 보며 나를 점검했다.

"아이와 함께하는 시간이 그리 길지 않으니, 아이가 부모 품을 떠날 때 행복한 기억을 많이 갖고 떠나게 하라."

청소년 상담을 오래해 온 한 노교수의 말을 가슴에 새기고 사랑으로 품으려 했다. 그렇게 사는 동안 참으로 행복했다. 좋은 결과는 덤이었다.

여행은 나에게 오래된 갈증이었다.

젊은 시절에는 참으로 자유롭게 여행을 많이 다녔지만 결혼을 하고 나서는 그런 기회가 거의 없었다. 혹여 출장을 가더라도 아이들을 돌보기 위해 곧장 돌아와야 했다.

그러던 중, 큰아이가 고등학교를 졸업을 하면서 네팔로 배낭여행을 3주간 가겠다고 했다. 여행을 많이 다닌 아이였지만 처음으로 외국에 장기간 가는 것이라 남편이 마음이 안 놓인다며 나에게 같이 가라고 했다. 그래서 동행을 하게 되었는데 아들이 하는 것을 곁에서 보니 영어로 의사소통만 가능하면 나도 자유롭게 여행할 수 있을 것 같았다.

바로 그해, 하던 일을 그만두면서 영어회화 공부를 시작했다. 얼추 1년이 되었을 때 여행을 할 정도의 의사소통은 할 수 있다는 자신감을 갖게 되었고, 드디어 나만의 여행을 떠났다. 미국으로 한 달 동안 나 홀로 배낭여행을 간 것이다. 다니는 동안 너무나도 행복했다. 자유로움을 만끽했고, 남편의 사랑도 확인할 수 있었다.

그 후 영어공부에 더욱 매력을 느껴, 방송통신대학교 영문학과에 편입했다. 회화를 같이 배우던 젊은 주부 3명과 함께 지원을 했는데 2년 만에 졸업을 목표로 해서 성공을 했다. 그리고 졸업 기념으로 그들과 함께 유럽에 자유여행을 한 달여 다녀왔다.

유럽여행을 통해 여행에 대한 갈증이 어느 정도 해소가 되었지만 여행의 목적에 대해 다시 생각하는 계기가 되었다. 단순하게 여행을 떠나는 것보다 의미 있는 여행을 하고 싶었다.

그래서 한국국제협력단(KOICA, Korea International Cooperation Agency) 문을 두드렸다. 해외봉사는 오래 간직했던 꿈이었다.

해외봉사단과의 인연

40대 중반, 신문에서 KOICA의 '2005년 제3차 해외봉사단원 모집' 광고를 보았다. 모집 분야에 한국어교육이 있어서 문의하니 국문학을 전공한 사람은 자격이 된다고 했다. 전문 분야에 일을 한 경험이 10년 이상 되면 시니어로도 지원이 가능하다고 했다.

'평생 보람으로 간직할 수 있는 해외봉사, 바로 당신이 주인공입니다.'

이 문장은 내 가슴을 뛰게 했다.

약 40년 전인 1975년, 시골 중학교에 평화봉사단으로 온 파란 눈의 영어 선생님이 있었다. 호기심 많은 나는 학교 가는 일이 즐거웠고, 그 선생님과 가깝게 지내기 위해 영어 공부를 참으로 열심히 했다. 그분을 통해 새로운 문화를 접하면서 새로운 세상에 눈을 뜰 수 있었던 것이다.

'도움을 받던 나라가 도움을 주는 나라가 되다니… 외국에서 한국어를 가르칠 수 있다니… 나도 그 선생님과 같은 역할을 해봤으면…'

체력에 한계를 느끼고 일을 그만두어야 할지 말지 고민하던 때라 언젠가 건강이 회복되고 기회가 되면 지원해 보고 싶었다.

그로부터 5년 후, 작은아이가 대학생이 되었을 때 아이들에게 해외 봉사를 하고 싶다고 말을 꺼냈다. 아이들은 엄마가 하고 싶은 일이라면 적극적으로 돕겠다고 했다. 남편에게도 동의를 구했다. 아이들이 다 컸으니 하고 싶은 일은 뭐든지 하라고 했던 남편이지만 막상 오랜 기간 떨어져 있어야 하니 쉽게 답을 하지 않았다.

"사랑하기 때문에 보내 줘야 하고, 사랑하기 때문에 보내 주기 싫은 내 입장을 이해해 주라."

며칠 고민을 하던 남편은 가톨릭 신자답게 모든 것을 주님 뜻에 맡기기로 했다면서 합격하면 흔쾌히 보내주겠다고 했다.

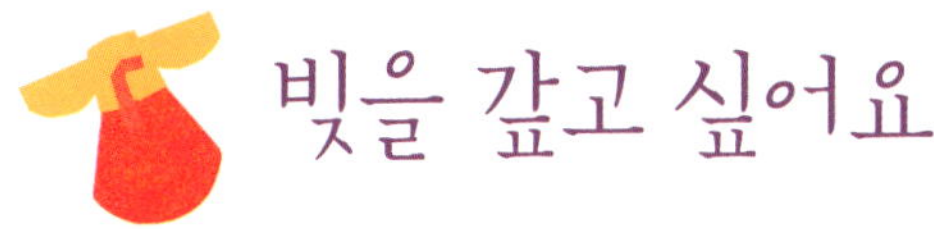

빚을 갚고 싶어요

KOICA에 지원하려고 'KOICA 해외봉사단' 사이트를 열어 보던 9월, 모집 인원 총 80여 명에 한국어 분야가 30명에 이르렀다. 기회가 올 수도 있겠다는 좋은 느낌을 받았다.

파견하는 나라도 다양했다. 지원서를 쓸 때 지원국을 고민했다. 그러다 이왕 봉사하러 가는 것이니 가장 힘들 것 같은 아프리카 카메룬을 1지망국으로 정했다. 2, 3 지망국은 가족의 의견을 고려하여 스리랑카, 태국을 지원했다.

1차 합격 통지를 받고, 설레는 마음으로 면접을 보러 서울로 올라갔다. 2차 면접이 더 까다롭다는 것을 알았지만 묻는 말에 성의껏 대답하리라는 마음의 준비만 했다.

면접장 분위기는 아주 진지했다. 마음을 진정시키고 하늘의 뜻에 맡겼다. 면접장에 3명씩 들어가고 3명의 면접관이 돌아가면서 질문을 했다. 전문적인 내용에 대한 질문은 좀 까다로워서 같이 들어간 아가씨들도 버벅거렸다. 그러니 한국어교육 과정을 이수하지 않은 나에게는 더 어렵게 느껴졌다. 그래도 오랫동안 가르쳐 온 경험을 바탕으로 소신껏

답변했더니 반응이 나쁘지 않았다.

면접관이 지원동기를 물었다.

"빚을 갚고 싶어서요."

13살에 평화봉사단을 통해 받은 혜택을 KOICA를 통해 기쁘게 돌려주고 싶다고 했더니 나이가 지긋한 면접관이 고개를 끄덕였다. 다른 면접관은 내가 외국에서 잘 지낼 수 있는지, 건강관리를 잘할 수 있는지 물었다. 운동을 좋아해서 결혼했을 때와 몸무게가 똑같고, 배낭여행을 오래해도 거뜬했다고 대답했다.

면접을 본 느낌이 좋더니만 2차 관문도 통과했다. 3차 관문인 신체검사를 받고 난 지 얼마 안 되어, 마침내 최종 합격통지를 받았다.

3지망을 한 태국으로 발표가 나서 약간 아쉽기는 해도 감격스러웠다. 나처럼 평범한 가정주부도 정부에서 파견하는 봉사단의 일원이 되어 봉사할 수 있는 기회가 드디어 온 것이다.

2장

KOICA 단원으로 거듭나기

국내훈련

마음은 청년 – 합숙을 시작하면서

내 나이 마흔 중반까지는 어둡고 긴 터널을 몸부림치며 달려온 시기였다. 사랑했기 때문에 결혼했지만 결혼생활을 해나가는 데 많은 어려움이 있었다. 나를 내려놓아야 모두가 행복해질 수 있었다. 그런데 이제 내가 하고 싶었던 일을 하며 살 수 있는 날이 온 것이다. 이런 기회는 아무에게나 오는 것은 아닐 것이다. 절대적으로 남편의 이해가 없다면 불가능한 일임을 누구보다 잘 알고 있다. 보내 주기로 결정한 후에는 지원을 아끼지 않았고, 시어머님을 설득하는 일도 맡아 주었다.

많은 사람들이 나에게 말했다. 남편이 나보다 더 대단하다고. 절대로 짧지 않은 기간인 2년을 보내 주기가 쉽지 않다고, 남편 잘 만났다고. 나도 그렇다고 생각한다. 나에게 '하고 싶은 것을 할 수 있는 자유'를 준 남편이 고맙고 또 고마웠다.

드디어 해외봉사단원으로 다시 태어나기 위해 첫발을 내딛는 날!

입소식을 할 때, 국기에 대한 경례를 하고 애국가를 부르니 가슴이 벅차올랐다. 일반인일 때와는 느낌이 완전히 달랐다.

합숙생은 82명, 파견되는 분야가 정말 다양했다. 익히 알고 있던 컴퓨터, 태권도, 한국어, 음악, 미술, 유아교육, 간호, 자동차, 전기 분야뿐 아니라 치위생, 요리, 미용, 공예, 축산, 사서, 사회복지, 지역사회개발과 같은 분야도 있었다. 연령대도 20대 초반부터 60이 넘은 분까지 폭넓었다. 소개할 때 보니 경력이 짱짱하고 대단한 사람들도 많았고 이미 단원으로 파견되었던 사람도 여럿 있었다. 활력이 넘치는 젊은이들과 같이 생활한다고 생각하니 마음이 젊어지는 것 같았다. 나이가 쉰이 넘는 분이 10명 정도 되었는데 젊은이에 비해 한결 여유로운 표정이었다.

땀 흘려 일하며 보람을 가꾸어
하늘 아래 땅 위에 꿈을 키우고
사람답게 살아가는 내일을 위하여
백두의 기백으로 두 팔을 걷고
넓은 세상 바다 건너 청년이 간다
넓은 세상 바다 건너 청년이 간다

젊은이들과 함께 'KOICA 단가'를 부르니 마음은 푸르러 청년이 되었다. 체력은 젊은이를 따라갈 수 없겠지만 의기만큼은 무슨 일이든 해낼 수 있을 만큼 충천했다.

무엇을 했을까?

교육 프로그램은 현지어 교육, 봉사정신 함양 교육, 소양 교육, 안전관리 교육과 같은 내용으로 이른 아침부터 밤늦게까지 빡세게 짜여 있었다.

교육 중에서 가장 비중이 높은 것은 현지어 교육이었다. 현지에서 혼자 살려면 최소한의 의사소통이 가능해야 하기 때문이었다. 교육 본부에서 원어민 선생님을 초빙하여 재미있고 효과적인 수업을 받도록 해주었는데, 태국어는 성조가 있어서 우리말과는 완전히 다르고 어려웠다. 하지만 다행스럽게도 문법이 복잡하지 않고 조사와 활용이 없어서 조사와 활용이 없어서 단어만 많이 알면 의사소통은 쉬운 편이었다. 젊은이들에 비해 암기하는 속도가 느려서 걱정을 많이 했는데, 복습을 그때그때 했더니 조금씩 감이 잡혔다.

프로그램 중에 태국에 파견되었던 선배 단원이 와서 경험담을 이야기 해주고 필요한 정보를 챙겨 주는 시간도 있었다. 현지에 대한 감을 간접적으로 익히며 막연한 두려움을 덜 수 있어서 유익한 시간이었다.

해외에서 무엇보다도 중요한 것이 건강관리이기 때문에 훈련기간에도 새벽 6시 반이면 어김없이 일어나 체조와 산행으로 체력을 다졌고, 응급처치 하는 방법도 실습했다. 파견되는 지역에 맞게 예방주사까지 맞았는데 만약 현지에서 문제가 생기면 SOS팀이 신속하게 도와준다는 교육도 받았다.

그외에 우리 음식 만들기, 우리 춤과 가락 익혀서 공연하기, 우리 역사를 바로 알고 알리기, 국립박물관 관람하기, 연탄 배달 봉사하기, 글

01. 시니어 단원들 간담회 / 02. 연탄 나르기 봉사활동 / 03. 코이카 단원이 되었어요

로벌 이슈 토론하기와 같은 것을 통해 봉사자로서의 마음가짐을 다지고 단원들 간에 화합을 도모했다. 또 소모임 활동으로 자신이 가지고 있는 능력을 마음껏 펼쳐서 무대에 올리기도 했다. 파견되는 분야가 다양한 만큼 재능과 솜씨 있는 사람이 많아서 즐겁게 지낼 수 있었는데, 무엇보다도 눈이 무릎까지 빠지는 아름다운 대관령 눈꽃마을에서 도보 탐방한 것은 잊지 못할 추억이었다. KOICA가 아니면 경험할 수 없는 것들이었다.

해외봉사단 파견 정말 필요한가?

원조를 받던 우리나라가 1990년부터 봉사단을 파견하기 시작하면서 현재 관용여권을 발부받고 활동하는 봉사단원이 2,000명이 넘는다고 한다. 참으로 자랑스러운 일이 아닐 수 없다.

하지만 우리 경제도 어려운데 꼭 그렇게 대규로 봉사단을 파견해야 하는지 의문이 들 때도 있었다. 그런데 국제 전문가들의 강의를 듣고 생각이 바뀌었다.

우리나라가 경제대국이라면서 국제사회에서 마땅히 해야 할 역할을 하지 않으면 국가 브랜드를 높일 수 없다고 했다. 그리고 국토 안에 사는 사람만이 대한민국 국민이 아니라 해외 동포도 우리 국민이며, 우리 교포가 다른 나라에서 잘살기 위해서는 국가 브랜드를 높여야 한다는 것이다. 또한 UN에서 수행하는 프로젝트 규모가 어마어마한데 우리나라는 유엔 기금 전체의 11분의 1을 내면서 UN에서 일하는 사람이 태부족하여 우리의 의견이 그다지 반영되지 못한다고 했다. 개도국의 현실에 맞는 직접적이면서 지속적인 도움을 줄 수 있는 것이 바로 KOICA 단원들의 활동이며, 현장성이 높기 때문에 실질적인 정책을 결정하는 데 직결되어 유엔에서 진행하는 프로젝트를 따낼 수 있는 중요한 자료가 된다고 했다. KOICA가 단편적이고 일시적인 여타 봉사와 다른 점이라고도 했다.

뿐만 아니라 KOICA 단원들은 국가 간 우호적인 관계를 만들어 내는 민간 외교관이며, 제 3의 길을 만들어 낼 수 있는 위치에 있다는 것이다. 문화, 인권, 환경분야에서 보다 다차원적 접근, 다분야적 접근, 다자적 접근을 해서 공동체를 만들어 나간다면 독도 문제와 같은 것도 해결될 수 있다고 했다.

전문가들의 강의를 들으며 나의 견해가 얼마나 단순하고 좁았는지 인정하지 않을 수 없었다. KOICA 활동은 우리의 미래를 개척하는 일이며 유능한 젊은이들을 세계로 뻗어나가도록 하는 교두보가 되는 것이었다.

막중한 역할 맡고 있는 KOICA의 일원이 된다는 것이 뿌듯하면서도 과연 내가 잘해 낼 수 있을지 부담이 밀려왔다. 하지만 내가 간절히 하고 싶었던 일이니 KOICA가 내 인생에 새로운 날개를 달아 주었다고 생각하고 힘차게 날아보기로 했다.

태국은 2009년에 '원조 졸업국'으로 분류되어 KOICA 단원들을 모두 철수시켰다. 하지만 2011년 태국 정부의 요청으로 한국어 교육만 파견하게 되었다. 한국 취업을 희망하는 근로자들의 한국어 시험의 합격률이 너무 낮았기 때문이다.

현지훈련

잘 다녀오겠습니다

발단식 하루 전날, 임지가 발표되었다. 방콕에서 2시간 거리인 부리주에 있는 라차몽콘 대학교였다. 방콕 외에는 모두 시골이라는 선배단원의 말에 짐을 꼼꼼히 챙겼다. 비행기로 부칠 수 있는 무게는 50kg. 그 정도면 충분할 거라고 생각했는데 막상 짐을 싸보니 달랐다. 공항에서 기내 수화물로 가져갈 수 있는 최대한의 무게까지 맞출 정도로 짐이 많았다.

짐을 부치고 나서 배웅을 나온 부모님, 동생네 가족과 작별 인사를 나누었다. 한 사람 한 사람 포옹을 하는데 뭉클하며 눈물이 났다. 차를 타고 오면서 한바탕 눈물을 쏟았는데 또 주체를 하지 못했다. 가족들을 만나기 어려운 먼 곳으로 떠나 오랫동안 볼 수 없다는 것이 정말 실감이 나서 흐르는 눈물을 참을 수 없었다. 탑승객만 들어가는 게이트 앞에서 아들딸과 헤어질 때도 또 눈물이 났다. 아이들은 곧 만나러 오겠다며 애써 달랬다.

입국 심사대를 통과하고 나서 휴대폰을 확인하니 남편의 전화가 들어와 있었다. 남편은 학교의 중요한 행사를 진행해야 해서 배웅 나오지 못했다. 전화를 걸었다. 이제 떠나면 언제 보느냐고 이야기하는데 정말 못 보는 건가 싶어 울컥했다.

"내가 지금 무슨 짓을 하고 있는 거지? 나, 잘하고 있는 거 맞아요?"

울먹거리며 말을 했더니 남편은 태연한 척하며 아프지 말고 잘 지내라고 했다. 전화를 끊고 눈물을 훔쳤다.

잠시 후, 남편에게 문자가 들어왔다.

'마주보는 사랑도 좋지만 함께 보는 사랑도 좋습니다. 같은 삶의 가치관을 가지고 살아가는 우리, 몸은 떨어져 있어도 마음은 늘 하나입니다. 당신이 여기 있고 내가 거기 있으니 슬퍼하지 맙시다. 늘 사랑합니다.'

가슴이 먹먹해졌다. 애정 표현을 별로 안 하는 경상도 사나이인데 내가 울먹거리니까 마음이 쓰였나 보았다. 가슴이 찡 했다.

옆에 있던 동기 단원이 내 표정과 탄성을 듣고 보여 달라고 해서 보여 주었더니 너무 멋있다며 야단이었다.

기적의 태국어 학습

태국으로 파견된 동기 단원은 모두 12명이었다. 남자가 3명인데 2명은 시니어이고 한 명은 20대였다. 여자들은 대부분 20대였고, 50대 시

태국어 강의실

니어가 한 명 있었다. 시니어 세 분은 모두 초등학교 선생님 출신이고 다른 단원들은 전공자이거나 자격증을 가진 사람들이었다. 석사 학위를 가진 사람도 둘 있었고, 다문화 가정이나 이주 노동자 수업을 해보거나 이미 다른 나라에서 한국어 수업을 했던 사람도 있었다.

그런 사람들과 같이 있다는 사실이 든든했다. 서로에게 힘이 되어 준다면 못할 일이 없을 것 같았다. 다행히 시니어 단원들이 앞에서 끌어 주고 젊은 단원들이 잘 따라 주어서 단합이 잘 되었다.

현지훈련 2달 동안 가장 중요한 일과는 현지어를 배우는 것인데 단원들 간에 관계가 좋으니 수업도 화기애애한 가운데 재미있게 할 수 있었다.

원어민 선생님은 가르치는 수준이 높아서 한국어를 전혀 사용하지 않고 현지어만으로 수업을 이끌어갔다. 특이한 것은 태국 글자가 소리와 일대일대응을 하지 않아서 태국 글자 대신 알파벳으로 표기를 하고,

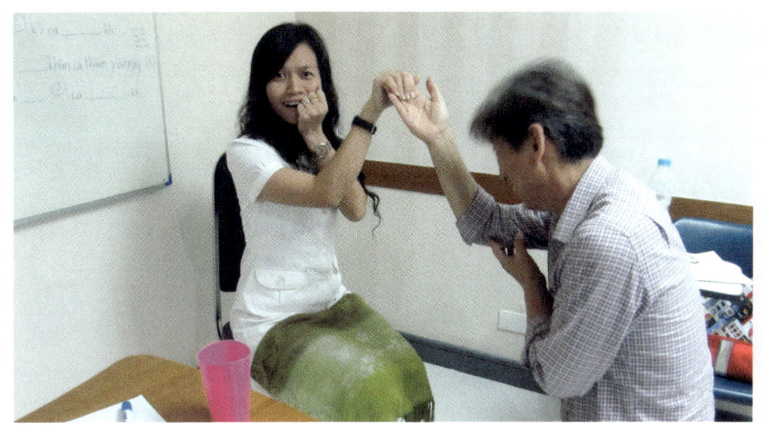

역할극으로
재미있는 수업

주로 회화능력을 기르는 데 집중했다. 성조를 익히도록 소리에 귀 기울이도록 했고, 수업 시작할 때나 끝날 때 여러 번 따라하게 했다. 또한 수업이 지루할까 봐 학습자를 연결시킨 스토리를 넣어서 진행하고, 학습자끼리 능동적으로 묻고 대답할 수 있는 시간을 많이 할애했다. 현지인에게 어떻게 재미있게 수업하나 고민하는 나에게 많은 팁이 되었다.

하지만 아침 8시부터 오후 4시까지 하루에 6시간씩 언어 수업을 받다 보니 아무리 의지가 충만해 있어도 몸이 틀어지고 잠이 쏟아질 때가 많았다. 그럴 때는 스트레칭을 하거나 커피를 마시기도 하고, 서로 어깨를 주물러 주면서 기운을 북돋아 주곤 했다.

젊은 단원들은 역시 언어를 익히는 것이 빠르고 적용하는 것도 빨랐다. 그네들을 따라가기 위해 시니어 단원들은 정말 성실하게 열심히 공부했다. 매일 매일 복습했고 모르는 것은 서로 서로 도왔다.

짧은 기간에 많은 것을 이해하고 외워야 하기 때문에 수업이 마칠 때쯤이면 머리가 터질 것 같았지만 단기간에 집중적으로 공부하니 효과는 탁월했다. 그래서 현지어 교육 기간이 끝날 때가 되자 기적처럼 모든 단원이 혼자서 생활하는 데 문제가 없을 만큼 의사소통이 가능했다. 두세 달 만에 새로운 언어로 소통하다니 기적이 아닐 수 없었다.

적응하기 바쁘다 바빠

방콕에 와서 일주일 동안, 새로운 환경에 적응하느라 하루하루가 바빴다.

도착한 다음 날, 지하철(MRT)과 지상철(BTS)을 갈아타고 휴대폰을 개통하러 갔다. 태국은 휴대폰 칩에 돈을 충전해 놓고 쓰는 시스템인데 만 원 정도 충전해 놓으면 한 달 정도 쓸 수 있다고 했다. 인터넷은 데이터를 무제한으로 쓸 수 있는 것으로 거금을 들여 약정했는데 이상하게도 연결이 잘 안되었다. 한국에서 가져온 휴대폰이 가끔 태국 시스템과 안 맞을 때가 있다고 했다.

일주일 동안 수업이 끝나고 나면 동기 단원들과 거의 매일 이곳저곳을 다녔다. 갈수록 현지어 학습량이 많아져서 나중에는 다닐 여유가 없다고 선배들이 귀띔을 해주었기 때문이다. 태국 문화를 익히고 태국어를 실습할 수 있어서 좋기는 하지만 힘에 부쳤다.

날씨는 갈수록 더워졌다. 방콕에 파견되던 날이 2월 초순이었는데 비행기에서 내리니 후끈한 여름 날씨였다. 그런데 이곳 사람들은 아직 좋은 날씨라고 하며 조금 더 있으면 40도 이상 올라간다고 했다. 정말 쏭클란 축제가 있는 4월 중순경 한낮의 더위는 살인적이었다.

그런데 불행하게도 나는 기침이 떨어지지 않아 옷을 따뜻하게 챙겨 입고 다녀야만 했다. 그래서 불쌍하게도 더운 날씨에 찬물 한 번, 아이스크림 한 번 못 먹었다.

다행히 음식은 잘 먹고 지냈다.

설 명절이 지난 지 얼마 안 되어서 파견이 되었기 때문에 명절 격려품이 와 있을 줄 알았다. 그런데 홍수로 인해 파견이 두 달 연기되면서 발송을 하지 않았다고 했다. 태국 음식으로 견뎌야 했다.

재료를 사서 음식을 만들고 싶어도 할 수가 없었다. 태국은 워낙 음식을 사서 먹는 문화라서 주방 시설이 되어 있는 곳이 많지 않다고 했는데 우리 숙소도 마찬가지였다. 다행히 식성이 좋아서 향이 강해 보이는 것만 피하면 대부분 부담없이 먹을 수 있었는데, 태국 음식은 종류가 많아서 골라 먹는 재미도 쏠쏠했다.

현지인들이 즐겨 먹는 1인분 음식양은 우리나라에 비해 조금 적은 편이고 가격은 30밧에서 50밧(1,000원~2,000원) 정도로 착했다. 즐겨 먹은 음식은 카우팟(볶

01. 카우팟
02. 대나무밥
03. 똠양꿍
04. 팟씨이유

음밥), 팟타이(볶음국수), 쏨땀(새콤달콤한 파파야 생채), 허이텃(조개 튀김), 얌운센(매운 국수 무침)과 세계 3대 요리인 똠양꿍이었다. 그 외에도 대나무밥, 옥수수 삶은 것, 닭고기 볶음, 바나나 튀김을 자주 먹었다.

한 달 이상 지내면서 태국 많이 적응되었으나 우리 음식에 대한 향수는 어쩔 수 없었다. 가끔 한인 상가에 있는 음식점에 가게 되면 김치를 두 접시씩 비웠다. 다른 음식은 안 먹어도 견딜 수 있으나 김치만은 그렇지 않았다.

시니어 단원들은 음식이 입에 맞지 않아 한국에서 공수 받았다. 이삼일이면 밀봉 포장된 맛깔 나는 반찬을 받아서 먹을 수 있는 좋은 세상이었다.

태국이 좋아지기 시작하다

파견국이 태국으로 발표되었을 때 실망스럽기도 하고 좋기도 했다. 한국에서 비교적 가까운 나라이고 치안이 안정된 편이어서 좋기는 했지만 저개발국이 아니어서 진정한 봉사를 할 수 있을지 의문이 들었고 관광산업에 대한 부정적인 선입관이 있어서 실망스러웠던 것이다.

그런데 태국에 와서 보니 지금까지 내가 몰랐던 것이 있었다. 태국은 한국전쟁 때 우리나라를 도왔던 나라였던 것이다. 그 사실을 알고 나니 차츰 호감이 생겼다. 서로 도움을 주고받는 친구의 나라라는 느낌이 든 것이다.

그리고 방콕에 온 지 일주일이 지나자 태국이 차츰 좋아졌다.

우선 느긋한 분위기가 좋다. 방콕은 서울과 비슷한 점이 많기는 하지만 사람들이 훨씬 여유로웠다. 차가 아무리 밀려도 경적 소리를 거의 들을 수 없고, 아무리 바빠도 짜증을 내는 사람이 별로 없다. 가끔 슬로우 슬로우가 적응이 안 될 때가 있지만 여유를 잃지 않고 사는 분위기가 좋다.

삶의 스펙트럼이 다양한 것도 좋다. 큰길을 따라 빽빽이 들어선 현대식 건물 안쪽으로 들어가면 과거로 여행하는 것 같다. 한 30년 전의 모습까지 공존한다. 그 안에 사는 태국인의 다양한 모습을 볼 수 있는데, 인종도 다양해서 피부가 흰 중국 계통부터 남쪽에서 온 피부가 까무잡잡한 사람까지, 어떤 사람이 태국 사람인지 헛갈릴 정도이다. 인종이 다양하니 문화도 다양하다.

또한 방콕 어디를 가나 세계 각지에서 온 외국인을 쉽게 볼 수 있는데 '자유의 나라'를 만끽하러 온 사람들 같다. 그러한 외국인을 위한 시스템이 잘 되어 있고 물가가 싼 편이며, 동서남북 천혜의 관광자원과 먹을거리가 풍부한 나라이니 외국인의 입장에서 매력을 느끼지 않을 수 없다.

OJT(On the Job Training)

현지교육에서 가장 중요한 것 중에 하나가 OJT(On the Job Training)이다. 자신이 파견될 기관에 가서 일주일간 머무르며 업무협의를 하고 적응훈련을 하는 것이다.

내가 파견될 곳은 '라차몽콘 테크놀로지 따완억 대학교'이다. 태국 대학교 이름에 '라차몽콘'이 들어가면 기술을 특성화시킨 학교이고, '라차팟'이 들어가면 교육 분야를 특성화시킨 대학교인데 모두 국립대학이다. 내가 파견된 학교는 2005년에 네 개의 College를 합쳐서 University로 바뀐 곳인데, 메인 캠퍼스는 파타야에서 그리 멀지 않은 촌부리에 있고 나머지는 방콕에 두 개, 짠타부리에 한 개가 있다.

OJT 첫 날, 기관에서 코워커(Co-worker)와 함께 차를 보내왔다. 학교 근처에 마련된 숙소에 짐을 풀고 학교에 갔더니 부총장이 반갑게 맞아주었다. 내가 맡을 수업은 교양과목 3학점으로 교재와 수업 내용은 나에게 일임한다고 했다. 학생들이 많아지면 두 반으로 나누어도 좋다고 했다.

내 자리는 코워커가 속한 국제부에 정해졌다. 본관 건물 4층에 있었는데 직원들이 과하다고 할 정도로 환영을 했고 친절하게 대해 줬다.

학생 수가 천오백 명 정도라고 하는데 방학이어서 그런지 거의 보이지 않았다. 간간이 눈에 띄는 학생들은 흰색 상의와 검은색 하의로 된 교복을 입어서 고등학생 같은 느낌을 받았다.

다른 캠퍼스에도 다녀왔다. 짠타부리 캠퍼스는 촌부리보다 더 시골에 있었는데 학생이 천 명 정도로 농축산을 특성화한 곳이었고, 방콕에 있는 짜까뽕 캠퍼스는 IT와 과학기술을 특성화한 곳으로 캠퍼스는 작지만 학생이 4천 명이나 될 정도로 학생 수가 많은 곳이었다.

학교 차를 내어서 일부러 다른 캠퍼스를 소개해 주는 것은 OJT를 떠나기 전, 각 캠퍼스마다 한 학기씩 강의해 줄 수는 없느냐고 요청했던 것과 관련 있어 보였다. 사무소 측에서는 나에게 알아서 하라고 했는데 어떻게 해야 할지 결정하기 어려웠다.

아무튼 어떤 공간에서 어떤 사람들과 일하게 될지 궁금했는데 상상했던 것보다 나쁘지 않았다. 교육환경이 우리나라 80~90년대 수준으로 열악하기는 하지만 사람들이 좋아서 지내기 괜찮을 것 같았다. 특히 코워커 나티와 직원 체리와 마음이 잘 통하고 직원 꺼삐가 서포트를 잘 해 주어서 불편함 없이 즐겁게 잘 지내고 돌아왔다.

한국어교육 준비–정보는 나눌수록 커진다

한국에 있을 때 어린아이부터 어른까지 독서지도와 글쓰기 논술 지도를 오랜 기간 해왔기 때문에 가르치는 일은 어느 정도 자신이 있었다.

하지만 외국인을 대상으로 해본 적이 없었다. 그래서 합격자 발표가 있고 나서 외국인을 가르치는 지인의 수업을 참관해 보기도 하고, 참고가 될 만한 책과 자료와 쓸 만한 것들을 챙겨오긴 했지만 살짝 불안했다.

KOICA에서는 단원을 엄격한 기준으로 선발하기 때문인지 단원 각자의 역량에 맡기고 특별한 교육은 하지 않았다. 다행히도 태국에는 한국어교육 분야만 파견되었기 때문에 서로 정보를 주고받으면 큰 도움이 될 것 같았다. 그런데, 같이 생활한 지 상당 기간이 지났는데 아무도 말을 꺼내지 않았다.

'정보는 나눌수록 커진다.'

논술 학원을 운영할 때 많이 사용했던 말이다. 선생님들의 기량이 다르고 각자가 가지고 있는 정보도 달랐기 때문에 정보를 공유하면 시너지 효과가 클 것 같았다. 하지만 대부분 자신의 것을 내놓기 싫어했다. 그래도 '정보는 나눌수록 커진다'는 믿음으로 내 것을 내어 주어야 상대방도 주는 법이라고 설득했다. 결국 마음을 열게 되었고 정보를 주고받는 가운데 신뢰를 쌓을 수 있었다.

나는 그때처럼 동기들을 설득했다. 공동의 선을 위해 봉사하러 왔으니 각자가 가지고 온 자료를 공유하는 것이 어떻겠느냐고 대표인 김강영 선생과 가깝게 지내는 단원에게 먼저 동의를 구했다. 대표가 적극적으로 찬성해서 모두 모였을 때 회의에 부치고 동참을 이끌어 냈다.

정말 온갖 자료가 다 나왔다. 웬만한 책과 참고자료는 물론이고 보조 자료, 음악과 동영상도 엄청났다. 정보는 나눌수록 커진다는 말이 정말 맞았다.

왓프라깨우에서 즐거운 한때

Hand-over Ceremony

현지훈련이 끝나고 나서 단원들을 각 기관에 이관하는 Hand-over Ceremony를 하기 위해 타이카(태국 봉사단) 사무실이 있는 교육문화청에 갔다. 식이 끝나면 모두 헤어져 각자 임지로 떠나야 하니 며칠 전부터 분위기가 뒤숭숭했다.

식을 시작하기까지 시간적인 여유가 있어서 발표하는 연습을 했다. 나는 시니어를 대표해서 현지훈련 받은 내용을, 함윤희 단원은 젊은이를 대표해서 OJT 다녀온 것을 준비했다. 태국어로 해야 하니 무척 떨렸다.

거의 시작할 시간이 되었을 때 나이가 제일 많은 시니어인 김남영 단원이 일어서서 인사말을 했다. 임지인 푸켓으로 가는 비행기 시간이

임박했기 때문이었다.

그동안 고마웠다며 임지에 가서 건강하게 잘 지내라는 말과 함께 머리를 깊게 숙여 인사를 하는데 갑자기 가슴이 먹먹해졌다.

'이제 진짜로 각자 갈 길을 가는구나. 그동안 정이 많이 들었는데…'

국내훈련부터 동고동락해 왔던 기억들이 떠오르면서 눈시울이 붉어졌다. 여기저기에서 울먹거리더니 곧 모두 펑펑 눈물을 쏟고 말았다. 김남영 단원은 일일이 포옹을 하며 작별 인사를 하고 떠나셨다.

곧 각지에서 온 코워커들이 회의를 마치고 들어와서 공식적인 절차가 시작되었다. 타이카 책임자가 감사와 당부의 말을 하고나서 내가 발표할 시간이 되었다.

PPT를 보여 주면서 설명을 했다. 태국어 성조가 서툴러 걱정했는데 재미있는 사진이 많아서 그런지 웃기도 하고 고개를 끄덕이는 반응을 보였다. 교관도 엄지손가락을 치켜세우며 잘했다고 칭찬해 주었다. 다른 사람이 발표를 하라고 이리 빼고 저리 빼다가 할 수 없이 했는데 하길 잘 했다 싶었다. 준비하는 동안 공부한 태국어를 복습하는 효과가 있었고, 내가 파견될 기관에서 나온 분에게 나를 보여줄 수 있는 기회가 되었기 때문이다.

식이 끝나고 기관에서 온 울라이 교수와 점심을 같이 먹으며 담소를 나눈 후에 차에 짐을 실었다.

동기 단원들과 아쉬운 작별 인사를 하고 열심히 하라는 소장님의 말씀에 그러겠노라 마음을 다지며 임지로 향했다.

"쑤쑤(화이팅)!"

3장

한국어 선생님으로 살기

짠타부리에서

정착하기

■ 설레는 마음으로 출발

학교에 도착하니 코워커(Co-worker)인 아짠(교수) 나티가 마중을 나왔다. OJT 기간 동안 친해져서 무척 반가웠다. 그녀는 새 학기가 시작되기 전 방학 동안 짠따부리 캠퍼스에서 교직원 수업을 해야 할 거라고 전했다. 캠퍼스를 돌아가며 한 학기씩 수업해 달라고 요청한 것에 대해 답변을 주지 않았더니 차선책으로 선회한 모양이었다. 흔쾌히 알았다고 대답했다. 한국어 수업을 워밍업 할 수 있는 좋은 기회라고 여기며 짐을 다시 꾸렸다.

OJT 기간에 짠타부리 주를 방문해 보니, 방콕에서 동남쪽 방향으로 서너 시간 걸리는 곳에 있었고 캄보디아와 인접한 곳이었다. 학교는 짠타부리 시내에서도 한참 떨어진 시골에 있었다.

홈스테이 하기로 한 집주인인 아짠(교수) 앳과 직원들이 다음 날 학교 차를 가지고 와서 짐을 싣고 출발했다. 길은 시원하게 뚫려 있었다. 국토가 우리나라의 5배나 되어서인지 도로의 폭이 상당히 넓었다.

그런데 두 시간 쯤 달리다가 갑자기 길가에 차를 세웠다. 차가 고장이 난 것이다. 운전기사가 내려서 손을 보았는데도 안 되어서 학교에 전화를 했다. 다른 차가 올 때까지 뜨거운 뙤약볕에서 꼼짝없이 기다려야 했다. 쏭클란 축제가 지난 지 며칠 안 되는 가장 더운 계절이어서 차 안이 푹푹 쪘다.

"너무 더워요."

내가 참다 못해 하소연을 하니 밖으로 나가서 나무 그늘에서 기다리자고 했다. 밖은 바람이 불어서 그나마 견딜 만했다.

그때 마침 촌부리로 가던 학교 차가 우리를 발견하고는 방향을 돌려서 왔다. 그중에 기술자가 있었던 모양이었다. 임시로 차가 움직이게 고쳐 주었다. 휴게소에 가서 학교에서 온 새 차로 바꾸어 탔다. 그 때까지 모든 것이 느긋했다. 차가 고장 나는 것도, 더운 날씨에 하염없이 기다리는 것도 그럴 수 있다고 여기는지 불평하는 사람이 없다. 그냥 씩 웃는 게 다다.

이런 것이 태국식인가?

태국의 학교는 6월에 새 학기가 시작된다. 10월에 3주 정도 짧은 방학을 하고, 11월에 다시 개강을 하여 3월 초에 긴 방학에 들어간다.

■ 홈스테이 잘할 수 있을까?

짠타부리에 있는 동안 머물러야 할 집에 도착했다. 그 집은 캠퍼스 내에 있는 허름한 관사로 나무로 지은 이층집이었다. 한 달 정도만 있을 것이기 때문에 아무래도 상관없다고 했지만 생각보다 훨씬 열악했다.

현관문을 열고 들어가면 조그만 거실과 방 하나가 있고, 삐거덕 소리 나는 나무 계단을 밟고 2층으로 올라가면 방이 두 개 있는데 그중 하나가 내 방이다. 방 안에는 조그만 텔레비전, 화장대, 침대가 있을 뿐이다.

가재도구도 얼마 없었다. 부엌에는 불판이 한 개짜리 가스버너가 있고 가스통이 부엌 안에 있었다. 냄비는 벽에 주렁주렁 걸려 있고 그릇은 몇 개 안 된다. 물은 가까운 곳에 있는 폭포에서 끌어다 쓰는 것이라 했다. 학교 근처에 시장이나 변변한 가게가 없어서 식재료들을 준비해 왔는데 냉장고가 너무 작아서 몇 개 넣지 못했다. 화장실에는 신발 없이 맨발로 들어가게 되어 있고, 볼일을 본 뒤에는 물을 떠서 붓는 재래식이었다.

집주인인 앳은 나보다 나이가 열 살 아래인데 결혼한 지 10년이 넘었으나 아이가 없고, 남편은 멀리 남쪽 지방에 살면서 한두 달에 한 번씩 온다고 했다.

혼자 지내기 외로워서인지 집에 고양이 다섯 마리를 키우고 있었는데 나는 아직 애완동물을 키워보지 않았기 때문에 걱정이 되었다. 고양이들이 얌전하게 있다가도 내가 방문 쪽으로 가면 떼로 몰려와 같이 들어가려고 야단이었다. 나는 고양이가 할퀴면 어쩌나 겁을 먹었으나 앳은 고양이가 나를 좋아해서 그러니 걱정 말라고 했다.

밤에는 주위가 정말 깜깜하고 조용했다. 간간이 개 짖는 소리와 풀벌레 소리만 들려서 잘 잘 수 있었다.

아침에 1층으로 내려가니 앳이 집 앞에 있는 망고스틴을 따러 가자고 했다.

'오, 망고스틴!'

얼른 모자를 쓰고 나갔다. 옆집과 경계가 되는 곳에 그 나무들이 있었다. 캠퍼스 내에 사는 교수들이 각자가 자기가 사는 집 주위에 과실수를 심어 놓고 이웃과 나누어 먹는다고 했다.

앳이 까맣게 잘 익은 것을 장대로 감 따듯이 따서 먹어 보라고 주었다. 꼭지를 따니 개미가 오글오글 기어 나왔다. 약을 치지 않은 자연산이란다. 마늘처럼 생긴 하얀 속살이 정말 맛있었다.

그때 옆집에 사는 아짠 뻼이 왔다. 내가 반팔에 반바지를 입은 것을 보고 벌레가 달려들지 않게 뿌리는 약을 가져다주고, 자신의 집에 있는 마화이를 보여 주었다. 나무 둥치에서 나온 긴 대롱에 매달린 조그맣고 노란 열매였다. 노란색의 부드러운 껍질을 벗기니 하얀 속살이 나왔다. 뭐라고 설명할 수 없는 향을 가진 부드럽고 달콤한 과일이었다. 그는 두리안도 하나 주었는데 엄청 무거웠다.

앳은 집에 돌아오자 따온 과일을 소쿠리에 담아 뒤뜰로 가서 씻었다. 그 옆에 앉아서 잘 익은 망고스틴을 하나씩 까먹는데 어찌나 맛있는지! 하도 맛나게 먹으니 그렇게 맛있냐고 몇 번이나 물었다. 그리고

01. 홈스테이한 집 / 02. 내 방 / 03. 부엌 / 04. 학교 팻말

는 망고스틴만이 아니라 람부탄, 두리안, 렁껑 같은 과일을 실컷 먹게 해주겠다고 했다. 지금이 제철이란다. 야, 신난다!

■ 학교와 사무실

짠타부리 캠퍼스는 'Khao Khitchakut(카오 키차쿳) 국립공원'의 서쪽 자락에 위치해 있어서 교정에서 국립공원 쪽을 보면 우거진 숲과 폭포가 펼쳐져 있다, 1964년에 개교한 학교여서 오래된 나무들이 많고 수종도 다양해서 자연경관이 참으로 아름답다. 학교 건물은 새로 짓는 10층 건물을 제외하고는 모두 나지막하고, 관사가 캠퍼스 외곽에 옹기종기 모여 있다.

짠타부리 캠퍼스에는 Faculty of Agro-industrial Technology(농축산대학)과 Faculty of Social Technology(사회과학대학) 이렇게 두 개의 단과대학만 있고 학생 수가 천 명이 안 된다.

내 자리는 본관 건물 1층 중앙에 있는 홍보실에 마련되었다. 인문대학이 없다 보니 그렇게 결정한 모양이다. 내 자리에 앉으면 넓게 펼쳐진 운동장과 오고가는 사람들이 많이 보여서 좋았다.

같이 지내는 사람으로는 내 뒤쪽에 사무실 책임자 아짠 남과, 내 앞쪽에 있는 여직원 두 명이다. 그 중 '어어'라는 직원은 내가 모르는 것을 친절하게 가르쳐 줄 뿐만 아니라 가려운 곳을 긁어줄 줄 아는 센스 있는 아가씨였다.

사무실은 집에서 걸어서 15분 정도 되는 거리에 있어서 걸어서 출근

해도 되지만 노트북을 가지고 다녀야 하기 때문에 앳의 자전거를 이용하기로 했다. 그래서 아침마다 배낭에 노트북을 넣고 KOICA 모자를 쓰고 자전거로 출근을 했다. 자전거 페달을 밟으며 시골의 정겨운 캠퍼스 풍경을 감상하다 보면 자연스럽게 캠퍼스 생활을 하던 젊은 시절이 떠오르고 그 시절로 돌아간 것 같은 착각에 빠졌다.

■ 괜찮아요

태국 사람이 가장 많이 사용하는 말이 '마이뺀라이(괜찮아요)'가 아닐까 싶다.

우기가 시작되면 비가 엄청나게 오는데 우리나라의 소나기처럼 30분에서 한 시간 정도 억수처럼 쏟아지면서 천둥 번개가 친다. 그럴 때 가끔 전기가 나가고 인터넷도 되지 않았다. 걱정스러워 하는 내게 직원들이 말했다.

"마이뺀라이 카(괜찮아요)."

폭우가 쏟아지면 나무들이 쓰러져 길을 막기도 하고 전기가 나가는 일이 다반사이지만 얼마 안 있으면 복구되니 걱정 말라고 했다. 태국에서 생활하며 보니 사람들이 별로 화를 내지 않는 거 같다. 일 년의 반이나 되는 우기 동안 엄청난 비가 쏟아져 일어나는 일들은 사람이 어찌할 수 있는 일이 아니다. 그러니 상황을 받아들여야 하는 일들이 많았을 것이고, 아주 옛날부터 그렇게 순응하다 보니 웬만한 것은 괜찮다고 넘기게 되지 않았나 싶다.

어느 덧 태국 생활이 두 달을 훌쩍 넘었다. 나도 어느 새 태국 문화에 동화되었는지 웬만한 일에는 '마이뻰라이 카'라고 입버릇처럼 말하는 습관이 생겼다.

촌부리에서 짠타부리로 올 때 한 달 정도 있을 것만 챙기고 나머지 짐은 촌부리 사무실에 맡겨 두고 왔다.

그런데 막상 와서 보니 분위기가 이상했다. 한 달만 있다 갈 것이면 수업을 바로 시작해야 하는데 며칠이 지나도록 구체적인 이야기를 하지 않았다. 물어보아도 협의 중이라고만 했다. 그러면서 나보다 세 살 위인 코워커 아짠 쑥과 홈스테이를 하고 있는 아짠 앳이 과하다 할 정도로 친절하게 대했다. 코워커는 점심때마다 밥 먹으러 같이 가자고 왔고, 앳은 과일이며 이것저것 챙겨 주고, 주변에 볼 만한 곳에 데려가기도 했다.

그러더니 일주일 쯤 되었을 때, 이렇게 좋은 곳에 한 달만 있을 거냐면서 한 학기 있는 것은 어떠냐고 은근히 압력을 넣었다. 상황을 보니 한국어에 관심 있는 교직원들이 있기는 해도 그것은 유인책이었고, 일단 학기가 시작되기 전 방학 동안 나를 데리고 오는 것이 목적이었던 것 같았다. 일차적인 성공은 했지만 신학기 수업을 하는 것은 촌부리 캠퍼스와 협의가 안 된 상태여서 나의 결정이 중요해 보였다.

일반적으로는 한 기관에 2년 동안 머무르면서 활동을 하는 것이 원칙이며, 언어 교육은 이벤트성으로 해서 되는 것이 아니지만 기관에서 요청하니 뿌리칠 수 없었다.

'이 시골에서 한국어 선생님을 원한다면, 원하는 곳에 있어야 하지 않을까? 고생은 되겠지만 봉사하러 왔으니 감수하자. 이보다 더한 아프리카를 가겠다고 마음먹었으니 기분 좋게 받아들이자.'

며칠 지내는 동안 새벽부터 울어 대는 닭소리에 잠을 잘 수가 없고, 모기와 벌레에 물려서 말이 아니고, 생활환경이 불편하기 짝이 없지만 한 학기는 견뎌봐야 할 것 같았다.

"오케이, 유 니 능 텀 마이뺀라이 카(여기 한 학기 있어도 괜찮아요)."

코워커에게 말했더니 진짜냐며 무척 반가워했다.

다음 날 아짠 앳이 상기된 목소리로 내가 한 학기 머물 수 있게 촌부리와 협의를 마쳤다고 전했다. 이왕 있기로 결정했으니 즐거운 마음으로 지내야겠다고 마음먹었다.

■ 교재 선택과 학습목표

기관에 OJT를 갔을 때 내가 맡는 수업은 교양선택 3학점으로 한 학기는 15주라고 했다. 강좌명은 'Korean for Communication'이었다. 그래서 심사숙소 끝에 국립국어원에서 나온 '말하기' 교재를 회화교재로 선택을 하고 한글 교육교재는 따로 준비를 했다. 예정과 달리 방학 동안 수업이 없기 때문에 수업 준비를 차근차근 할 수 있었다. 아침 8시 반까지 출근해서 오후 늦게까지 사무실에서 작업을 했다. 주 교재로 선택한 국립국어원 교재는 태국어로 설명되어 있기는 해도 외국인들이 처음 배우는 데 필요한 기초 편이 없어서 보조 교재를 꼼꼼하게 준비해야 했다.

'한 한기에 15회 정도의 수업을 받고 한국어를 얼마나 할 수 있을까?'

이 문제는 현지어 교육을 받을 때 어느 정도 힌트를 얻었다. 많이 듣고 많이 따라하도록 수업 진행을 한국어로 하는 것이 입을 여는 데 도움이 된다는 것, 말이 서로 어떻게 다른지, 기본문법 구조는 어떤지 정도만 알면 최소한의 의사소통은 가능하다는 것이다. 무엇보다도 중요한 것은 수업을 재미있게 해서 한국어를 배우고 싶은 동기부여를 하는 것이어서 내 수업의 학습 목표를 두 가지로 정했다.

첫째, 재미있는 수업을 통해 기초적인 의사소통을 하는 것.

둘째, 한글을 읽을 수 있는 것.

■ 경험 쌓기

사무실에 같이 근무하는 직원 어어가 한국말을 배우고 싶어 했다. 부라파 대학교에서 한국어를 전공한 친구가 있어서 관심은 있었으나 배워 본 적은 없다고 했다.

처음에 '안녕하세요, 선생님, 고맙습니다'를 가르쳐 주니 재미있어 했다. 그래서 한글도 조금 가르쳐 주었다.

아래와 옆으로 된 'ㅣ'와 'ㅡ'의 음을 익히게 한 후, 밖과 안에 점을 찍어 'ㅏ'와 'ㅓ'를 가르쳐 주고, 위와 아래에 점을 찍어 'ㅗ'와 'ㅜ'를 가르쳤다. 모음 6개를 익히고 나서 '아, 야'를 가르쳐 주니 '어, 여'를 유추해서 대답했다. 맞다고 하니 진짜냐며 눈이 동그래지며 기뻐했다. 어어보다 가르치는 내가 더 신이 났다.

모음 10개와 자음 네 개로 만들어지는 음절을 가르치고 낱말 몇 개를 가르치는 데 20분이면 충분했다.

다음 날에는 간단한 회화와 음절표를 가르쳐 주었다. 받침 없는 글자는 웬만큼 읽을 수 있게 되니 너무나 좋아했다. 수강생은 곧 세 명으로 늘었다.

그렇게 예비 수업해 보는 것이 정말 유용했다. 학생들의 성향이나 수준은 부딪혀 봐야 알겠지만 준비한 내용을 어떻게 받아들이는지, 학습 진행 속도는 어느 정도인지 파악할 수 있었다. 또한 내가 사용하는 태국어가 적절한지 점검할 수 있어서 좋았다.

동기 단원과 통화할 때 내가 시범 수업을 하고 있다고 하니 부러워했다. 배우고 싶다는 사람은 많지만 막상 하려는 사람은 없다는 것이다. 나는 정말 운이 좋은 사람이다!

■ 한국어 재미있어요

시골인 짠타부리에도 한류 열풍은 대단했다. 누구라도 '대장금'을 알고 있고 '사랑해요'라는 말을 알며, 한국을 좋아한다는 말을 스스럼없이 했다. 그네들이 가지고 있는 휴대폰도 삼성인 경우가 많았다. 학생들뿐만 아니라 교수들도 지대한 관심을 가지고 있었는데 김치를 만들 줄 아느냐, 화장품을 어떤 것 쓰느냐고 묻기도 하며 한국에 다녀온 이야기를 하기도 했다.

교수들에게 태국 사람이 한국을 왜 좋아하는지 물어보니 한국이 잘 사는 나라이고, 한국의 문화가 세련된 것이 많아서 그렇다고 했다. 그리고 IT 분야뿐만 아니라 배울 점이 많은 나라이니 학생들이 한국에 관심을 가지기를 바란다고 했다.

"'사왓디 카(안녕하세요)'를 한국어로 뭐라고 해요?"

그들은 나에게 인사를 한국어로 어떻게 하는지 묻고, 간단한 것을 또 물었다. 가르쳐 주면 열심히 따라 말하고 메모했다. 그리고 다음에 만나면 한국어로 인사를 했다. 태국어만 왕왕 들리는 곳에서 한국어로 인사하는 소리는 청량제같이 맑게 들렸으며, 한국인으로서 존재감을 느끼게 했다.

그러던 어느 날, 번뜩 떠오르는 아이디어가 있었다.

우리말 10개를 선별해서 태국어 음독을 달아 한국어에 관심 있는 사람들에게 나눠 주는 것이 좋겠다 싶었다. 명함을 나누어 주는 것보다 효과적일 것 같았다. 한국어 배우는 것 자체를 재미있어 하는 분위기를 담아 '한국어 재미있어요'라고 이름 지었다.

'안녕하세요. 사랑해요, 예뻐요, 고마워요, 미안해요, 안녕히 가세요.'

원어민인 나를 상대로 한마디씩 건넬 수 있는 말들이었다.

그런데 태국어를 컴퓨터에 입력하는 것이 난제였다. 우여곡절을 겪으며 입력하는 방법을 찾고, 몇 번 수정 작업을 해서 자료를 완성했다.

그것을 아는 사람들에게 한 장씩 주면서 받는 사람의 이름을 종이 위쪽에 한글로 써서 주었더니 자신의 이름이 한글로 쓰이는 것을 보고 신기한 듯 바라보았다. 옆에 있는 사람도 서로 달라고 야단이었고 받자

마자 읽어 보면서 한국어를 한마디씩 했다.

사무실 책임자인 아짠 남도 재미있게 읽고는 내가 써준 한글 이름 아래에 '사랑해요'를 흉내 내어 써보고는 잘 썼느냐고 물었다. 받는 사람들이 좋아하니 내 마음도 흐뭇했다.

나는 한국어를 가르칠 때 한글을 같이 가르쳐야 한다는 고정관념을 갖고 있었다. 한글은 배우기가 쉽고, 한글을 알아야 한번 배운 한국어를 오래 기억할 것이라 여겼다. 그러나 현지에 와서 보니 글자가 중요한 것이 아니었다. 그들은 한국 사람 만나는 것을 좋아하고, 한국 사람과 한마디라도 이야기를 나누는 것을 좋아했다. 간단하게라도 자신의 마음을 표현하고 싶어 했다.

다른 나라 말을 한다는 게 쉽지 않겠지만 태국인에게는 더욱 그런 것 같다. 발음하는 것이 달라서 똑같이 따라 하지를 못했다. 내 이름을 소개했을 때 '경희'를 제대로 소리 내는 사람이 없었다. 'ㄱ' 발음을 하지 못하고 '영희'라고 했다. 태국어에 'ㄱ' 소리가 없기 때문이다.

그래서 간단한 말이라도 하나씩 하고 싶은 표현을 해보도록 하는 것이 한국어를 재미있게 배우게 하는 지름길이라는 것을 알게 되었다.

수업하기

■ 한국어 첫 수업 : 반갑다, 친구들아

드디어 정식으로 첫 수업하는 날.

한 달 이상 만반의 준비를 하였건만 긴장되고 떨리는 것은 어쩔 수 없었다. 무슨 말을 할지 대사까지 태국어로 연습을 해두었건만 입이 열릴지 자못 불안했다. 교실에 미리 가서 컴퓨터와 빔프로젝트를 점검했다. 교실은 회의실로 정해졌다. 시골 학교여서 시설이 좋지 않아 빔프로젝트를 꼭 사용해야 한다고 하니 회의실을 내 준 것이다.

나는 학생들이 한눈에 들어오도록 테이블을 배열해 놓고 소녀시대의 〈The Boys〉를 틀어 분위기를 밝게 띄웠다. 시간이 되자 학생들이 삼삼오오 나타났다. 신나는 음악 소리에 다소 어리둥절해 하면서도 호기심 어린 수줍은 표정으로 인사를 하며 들어왔다. 자리에 앉은 학생들에게 미리 접어 놓은 A4 용지를 한 장씩 주면서 이름을 쓰게 했다. 종이를 세로로 놓고 제일 위에는 본명을 다 적고, 그 아래 칸에는 닉네임을 태국어로 크게 쓰라고 했다. 태국에서는 거의 본명보다 닉네임을 사용하기 때문이다.

다 쓴 한 학생의 이름을 읽어 보며 맞느냐고 하니 어떻게 아느냐는 반응을 보였다. 문맹률이 높은 태국에서 외국인이 자신들의 글자를 안다는 것이 예상 밖이었던 것이다. 나는 학생의 이름을 한글로 닉네임 옆에 써주었다. '아이, 무, 땡모, 우아랏'과 같은 자신의 이름을 한글로 써주니 신기한 듯이 봤다. 그리고는 한국어를 배우는 것이 실감이 나는

01. 반갑다, 친구들아

02. 저는 ㅇㅇㅇ예요

03. 마주보고 인사하기

지 연신 싱글벙글거렸다.

19명의 이름을 일일이 다 써준 뒤, 삼각형 모양으로 만들어 클립으로 고정시켜서 이름을 내가 볼 수 있게 책상 위에 얹게 했다. 수업 준비가 완료되었다.

"사왓디 카."

와이(합장)를 하고 공손히 인사를 나누었다. 그러고는 태국 인사법과 다른 우리의 인사법을 PPT로 보여 주며 다시 인사했다.

"안녕하세요?"

학생들은 '안녕'의 '녕'을 발음하기 어려워했다. 상대방에 따라 '안녕', '안녕하세요', '안녕하십니까' 세 가지 패턴이 있다는 것을 설명하면서 옆에 앉은 친구들과 손을 흔들며 '안녕' 하고 인사를 하라고 하니 쑥스러워하며 인사를 나누었다.

단체로 따라하는 소리가 자연스러워질 즈음, 책상 위에 있는 이름표를 보며 한 사람씩 호명하여 인사하는 연습을 시켰다. 대충 따라하던 학생들이 듣기에 집중하기 시작했다. 발음이 정확하지 않은 학생에게 태국어는 잊고 듣는 대로 따라하는 것이 잘하는 비결이라고 했더니 어색해 하는 가운데 차츰 나아졌다.

다음으로 '한국' 하면 무엇이 떠오르는지 물었다. 드라마와 가수 이름이 여기저기에서 나왔다. 한복과 김치를 말하는 학생도 있었다. 나는 준비한 PPT를 보여 주며 수업내용을 소개했다. 한국어만 배우는 것이 아니라 한국 노래를 배우고 한국 영화를 보며, 한복을 입어 볼 것이며, 김치도 같이 만들 것이라고 했더니 진짜냐고 하면서 아주 좋아했다.

첫째 시간이어서 자신을 소개하는 것을 가르치기 위해 태국어로 내 소개를 먼저 했다.

내 나이를 깜짝 퀴즈를 냈다. 30살부터 40살까지 반응이 나왔다. 너무 흐뭇했다. 사실은 50살이라고 하니 눈이 휘둥그레지며 외쳤다.

"젊어 보여요."

학생들은 PPT로 가족사진을 보고 눈빛이 초롱초롱해졌다. 아들과 딸이 자신들과 비슷한 나이였기 때문이다. 대학생이라고 하니 애인이 있느냐고 누군가 물었다. 있다고 했더니 한숨을 쉬어서 모두 웃었다.

나는 간단하게 내 소개를 하면서 한국 정부에서 왜 나와 같은 봉사자를 보냈다고 생각하느냐고 물었다. 문화교류를 위해서라는 대답이 나왔을 때 맞다고 하면서 문화교류를 통해서 태국과 한국이 친구의 나라가 되고 싶어 한다고 했다. 나도 마찬가지로 학생들과 친구가 되고 싶다고 했더니 당황하는 표정이었다. 연공서열식 나이 개념이 무척 중요한 태국인에게 교수와 학생이 어떻게 '친구'가 될 수 있는지 살짝 충격을 준 것 같았다.

나는 학생들과 친구가 되기 위해서 태국어를 250시간 이상 열심히 배웠다고 하면서, 학생들에게 내가 한국어와 한국 문화를 가르쳐 주고 학생들은 나에게 태국어와 태국 문화를 가르쳐 주면 친구가 되는 거 아니냐고 했더니 환하게 웃으며 고개를 끄덕였다.

"안녕하세요? 저는 김경희입니다."

정중하게 인사를 다시 한 뒤, 무슨 말을 한 것 같냐고 물었다. 한국어로만 말을 하니 눈이 동그래졌다. 다시 한 번 더 했다. 이번에는 귀를

쭈뼛해서 듣더니 이름을 소개한 것이라고 대답했다. 잘했다고 엄지를 치켜세우며 칭찬했다.

태국어 문장과 한국어 문장을 칠판에 써서 비교하며 설명했다. 태국어에는 조사와 활용이 없다. 그래서 우리말을 적잖이 어려워하는데 간단한 것부터 반복해서 하다 보면 익혀질 것 같아 '는'과 '입니다'를 간단하게 설명한 후 여러 번 따라하게 했다. 그리고 앞에 나오는 명사와 붙여서 자연스럽게 발음하게 했다. 다시 학생 한 명을 일어나게 해서 두 문장으로 인사를 나눈 뒤, 그 옆에 앉은 학생과 연습하게 했다.

그렇게 한 바퀴를 다 돌고 나서 한국 이름을 갖고 싶느냐고 물으니 그렇다고 했다. 자신이 좋아하는 사람이 있으면 그것으로 정하면 되고, 없으면 내가 준비한 이름을 PPT로 보여 주면서 정하라고 했다. 각자 이름을 하나씩 정한 뒤 휴식 시간을 가졌다.

휴식시간에는 반크에서 만든 홍보 동영상을 먼저 보여준 뒤 아이돌 영상음악을 틀어 주었다. 그랬더니 학생들이 적극적으로 자신이 좋아하는 가수를 이야기하며 보여 달라고 했다.

두 번째 시간에 학생들에게 한국에 가보고 싶느냐고 물었더니 대부분 그렇다고 했다. 그래서 PPT에 지도를 열어 놓고 '까올리(한국)'가 어디에 있는지 아는 사람 손을 들라고 했다. 당연히 알 것이라고 생각했는데 의외로 아무도 몰랐다. 실망스러웠다. 다른 수업에서도 아는 사람이 거의 없었다. 한국을 좋아한다면서 한국이 어디 있는지 모른다는 사실이 슬프다며 우는 흉내를 내면서 중국과 일본 사이에 있는 우리나라의 위치를 알려 주었다.

'안녕하십니까, 저는 ○○○입니다. 저는 한국 사람입니다. 만나서 반갑습니다.'

이 네 문장이 어느 정도 입에 올랐을 때 빈 명함 4장을 나누어 주고 이름, 직업, 전화번호를 기록하게 했다. 이름은 A4 용지에 써준 것을 따라 쓰게 하였고, 직업은 '학생'이라고 칠판에 써주었다. 전화번호는 학생들을 관리하기 위한 것이었다. 학생들은 글자를 흉내 내어 삐뚤빼뚤 정성껏 쓰느라 여념이 없었다.

명함을 다 작성했을 때 모두 일어나서 자신이 소개하고 싶은 사람에게 명함을 주면서 네 문장으로 대화를 하라고 했다. 그랬더니 곧 시끌벅적해졌다. 대화 글을 외우지 못한 학생은 교재를 보면서 하고, 발음이 틀리면 서로 고쳐 주었다.

마칠 시간이 되었을 때, 앞에 나와서 자신을 큰 소리로 소개할 사람을 선발해서 시켰다. 그리고 나머지 학생들에게는 다음 시간까지 다 외워서 와야 한다고 숙제를 냈다.

수업을 끝내면서 재미있었느냐고 하니 모두들 재미있었다고 큰 소리로 말했다. 몇 명은 조금 어려웠다고 했다. 불과 네 문장을 반복해서 주고받는 문장이었는데도 처음 배우는 사람에게는 생소해서 어려웠던 모양이었다.

그렇게 조마조마하고 두근거리며 준비했던 첫 수업이 큰 실수 없이 치뤄졌다. 수업시간이 3시간이어서 자칫 지루하지는 않을까, 수업 내용이 너무 많은 것은 아닐까 걱정했는데 예상된 시나리오에서 크게 벗어나지 않았다. 이제 어느 정도 자신감이 생겼다.

■ 엄마 같은 선생님

태국에서는 대학교수를 '아짠'이라고 부르는데 그 권위가 대단하다. 교수들의 말은 곧 '법'으로 학생들은 교수에게 복종하며 깍듯이 예의를 다한다. 심지어 학생들이 과제 검사를 받을 때도 무릎을 꿇는다. 그렇게 학생들을 권위적으로 대하기 때문에 교육방식이 일방적이고 주입식이라고 알려져 있다.

나의 수업 방식은 달랐다. 언어 수업은 커뮤니케이션이 중요하기 때문에 학생들의 눈높이를 맞추기 위해 자세를 낮추고 다가갔다. 호칭도 '아짠' 대신 '선생님'으로 부르게 했다. 그들이 좋아하는 것이 무엇인지 알려고 하고, 그들이 좋아하는 대중문화에 관심을 가지며 소통하고자 했다. 그래서 나와 학생들 사이에 불편한 권위는 없었다.

한번은 아침 식사를 하다가 적당하게 익은 김치를 보니 녹두전을 만들어 학생들에게 맛보이고 싶었다. 노랗게 개피한 녹두가 시장에 있기에 시험 삼아 빈대떡을 만들었더니 맛이 괜찮았다. 된장찌개와 김치도 챙겼다. 학생들은 처음 보는 음식을 신기한 듯 보았다.

"선생님, 맛있어요."

맛을 음미하듯 먹더니 녹두부침개가 맛있다고 엄지손가락을 치켜세웠다. 김치는 호불호가 갈렸고 된장찌개는 대부분의 학생들이 좋아하지 않았다.

음식 맛보기를 끝내고 〈아리랑〉 노래를 같이 불렀다. 한두 번 가르쳐 주었더니 학생들이 제법 흥얼거렸다. 흐뭇해서 잘했다고 박수 쳐주며 칭찬해 주었다. 상으로 다른 아리랑 노래를 불러주겠다고 했더니 좋아라 했다. 〈신아리랑〉을 불러 주었다. 우리나라 가곡을 처음 들어보는 학생들은 숨죽이며 듣고 있다가 노래가 끝나자 우레와 같은 박수를 쳐 주었다.

학생들과 그렇게 편하게 지내다 보니 문제가 생기기 시작했다. 수업 시간에 10분 늦는 것은 예사고 과제를 해오지 않는 학생들도 늘었다. 주의를 줘도 안 되기에 벌로 어깨를 한 대씩 때렸다. 잘했을 때 어깨를 토닥토닥 두드려 주는 것처럼 벌도 스킨십으로 한 것이다. '찰싹' 소리가 나도록 때리니까 충격이 제법 큰 것 같았다. 그래도 웃어넘겼고 그 후 자신이 잘못한 것이 있으면 스스로 어깨를 내밀기도 했다. 그럴 때 한번 더 그러면 '뽀뽀'할 거라고 했더니 기겁을 하면서 도망가는 시늉을 했다.

나는 학생들이 정말 내 아들딸처럼 귀엽고 사랑스러웠다. 그래서인지 학생들도 나를 엄마처럼 대하는 것 같았다. 그런 학생들에게 잘해주고 싶은 마음이 가득하지만 원칙은 지켜야 하는 선생님이었다.

■ 재미있는 수업

내가 만난 태국의 대학생들은 우리나라처럼 죽기 살기로 공부하지 않았다. 수업은 많이 듣는 것 같은데 의욕은 그다지 없어 보였다. 그리고 주말이 되면 대부분 집에 가서 캠퍼스가 조용했다. 집이 먼 학생은 금요일 오후부터 떠나기 때문에 그 시간에는 정상적인 수업을 할 수 없었다. 우기 동안 비가 많이 와도 결강이 되고, 학생의 컨디션이 좋지 않아서 '아프다'고 하면 거의 모든 것이 용인이 되는 분위기였다.

그러니 교양선택으로 배우는 한국어를 열심히 할 리가 없었다. 적당히 배우고 학점만 잘 받으면 된다는 생각을 하기 십상이었다. 일부 열심히 하는 학생들도 있지만 대부분은 가벼운 호기심 정도였다. 그래서 '과유불급'을 적용했다. 내 욕심이 앞서지 않도록 하고, 학생들 입장에서 수업이 재미있도록 노력했다.

'아'와 '어'의 점을 안에 찍는지 바깥에 찍는지 헛갈려 했는데 한글은 기호 글자라서 확실하게 알지 못하면 그럴 수 있을 것 같았다. 그래서 한 학생의 손을 꼬집은 상태로 계속 있으면서 '아' 소리를 내게 했다. 그런 다음 '아리랑'의 '아'와 연관 지어 기억하게 했다. 하나만 확실히 알면 나머지는 자연적으로 알게 되었다.

그리고는 전 시간에 배운 낱말을 불러주며 마그네틱 자음과 모음으로 만들어 보게 했다. 자음의 음가와 모음의 음가를 알아야만 글자를 만들 수 있으니 긴장하면서 듣고, 만약 틀리면 친구들과 상의해서 퍼즐 맞추듯이 했다.

격음 'ㅋ, ㅌ, ㅍ, ㅊ'과 기본음의 차이를 어려워해서 휴지를 나누어 주고 입안에 대라고 한 뒤 'ㄱ'과 'ㅋ' 소리를 번갈아 내게 했다. 'ㅋ' 소리를 낼 때 휴지가 앞으로 밀려가는 반면 'ㄱ'소리는 그렇지 않는 것을 신기해했다. 일부러 침이 튀기는 느낌이 나도록 모션을 취하니 앞에 앉은 학생이 얼굴을 가리며 피했다.

그런데 학생들이 할 때는 재미있게 하는데, 그 음을 정확하게 기억

01. 얼마예요? / 02. 글자 만들기 잘 했지요? / 03. 잊지 않을래요

하지 못하는 학생이 많았다. 그래서 소리를 듣고 음절표에서 낱말 찾기를 했다. 빨리 맞추는 사람에게 색동 필통을 주겠다고 했더니 갑자기 분위기가 달라졌다. 제일 불성실하게 공부하던 나래가 제일 먼저 맞추겠다고 나왔다.

빙고 게임도 했다. 집중력이 높아졌다. 이번에는 우람, 비, 소민이 선물을 받았다. 퀴즈를 내고 상을 주니 수업에 적극적으로 참여하였고, 얼마나 익혔는지를 파악하는 데 효과적이었다. 자주 하면 학습 분위기가 산만해지지만 가끔은 유용했다.

'하나 둘 셋… 열'은 '어깨 주물러 주기'로, '일, 이, 삼… '은 369게임을 통해서 외우게 하고 돈을 보여 주면서 숫자를 익히게 했더니 효과가 좋았다. 신체 이름은 '코코코코 귀'로 쉽게 익혔고 때로는 가요를 동원했다. 포미닛의 〈What's your name?〉 영상은 '이름이 뭐예요?'를 가르칠 때 보여 주었다.

그 외에도 다양한 방법을 동원했다.

물건을 사고파는 회화를 배우는 날.

한국으로 여행을 갔다고 생각하고 쇼핑하자고 했다. 미리 학생들에게 과일 하나씩 가져오라고 했더니 망고, 렁껑, 파파야, 사과, 커다란 쏨오까지. 과일을 종류대로 다 가지고 왔다. 과일 이름을 익히고 나서 각자 한글로 이름을 써서 붙이게 한 뒤, 과일을 모두 테이블에 모아 놓았다. 한국 돈을 보여 주며 숫자 익히기를 했다. 역시 돈을 들고 하니 숫자에 대한 감이 빨랐다. 준비가 끝나자 파는 사람과 사는 사람의 역할을 나누어 하도록 했다,

"이게 뭐예요?", "얼마예요?"

이 말을 여러 번 반복해서 연습했는데도 입에 자연스럽게 올리는 것을 쉽지 않아 했다. 남이 하는 것은 쉬워 보여도 막상 본인이 나와서 말을 하려고 하니 잘 안 되어서 교재를 보느라 바빴다.

하지만 가르쳐 준 대로만 하는 것이 아니라 배운 것을 총동원해서 말을 주고받는 학생들도 있었고, 가격을 한국 돈으로 계산하다 보니 터무니없게 불러서 웃기도 했다. 가만히 앉아서 공부하는 것보다는 훨씬 효과적이었다.

KOICA에서 추석선물로 보내준 물품 중에 초코파이가 있었다. 학생들에게 〈집으로〉 영화를 보게 한 후에 초코파이를 주면 좋아할 것 같았다. 영화 속에서 본 것을 직접 보고 먹어 본다면 그 경험이 오래 갈 것 같았다. 아니나 다를까 영화를 본 다음 초코파이를 가져가니 환호성을 질렀다.

그런데 그냥 주면 재미없을 것 같아서 '귀요미송'을 잘 부르면 주겠다고 했다. 그 노래가 태국에도 이미 많이 알려져 있었고, 한글 수업도 받침까지 나갔으니 가사를 어느 정도 읽을 수 있었다. 음악만 나오는 파일을 다운 받아 느린 속도로 틀어놓고 노래 연습을 시켰다. 그런 다음 귀여운 춤을 추는 동영상을 보여 주었더니 남학생들도 잘 따라했다. 앞에 나와서 노래 부르는 것은 어려울 것 같아 춤을 추는 학생들에게 초코파이를 준다고 했더니 여러 명이 나왔다. 춤을 출 때 남학생들이 의외로 더 귀엽게 췄는데 그것을 보는 학생들이 우습다고 야단이었다. 남학생들이 의외로 더 귀엽게 춤을 추었다. 동영상을 찍은 후 초코파이

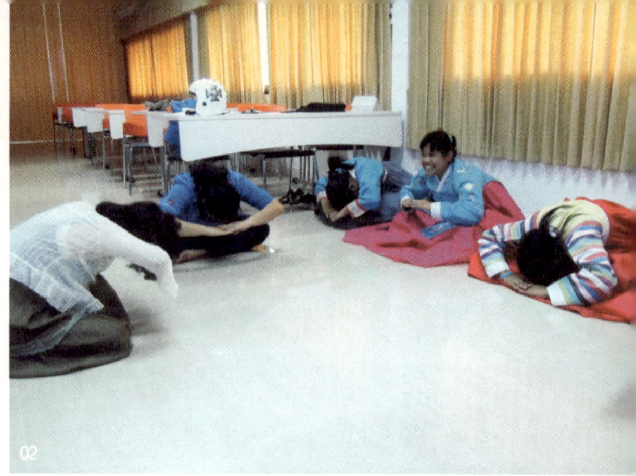

01. 예쁘지요? 멋있지요? / 02. 절 이렇게 해요?

를 하나씩 나누어 주었더니 아주 좋아했다.

"아로이 막막(아주 맛있어요)!"

■ 한복 인기 짱!

〈대장금〉으로 인해 한복과 한국 음식이 많은 홍보가 되어서 그런지 한복 입어 보기를 할 것이라고 예고했더니 너무너무 좋아했다. 한국관광공사에 있는 한복을 빌리러 방콕까지 다녀왔다. 여자 한복 한 벌, 남자 한복 한 벌밖에 안 빌려 준다는 것을 학생들의 수가 많다고 설득해서 세 벌을 빌려왔다. 내 한복까지 보태니 네 벌이 되었다.

수업하러 온 학생들은 한복을 보자 입이 벌어졌다. 싱글거리며 입어 봐도 되냐고 물었다.

"당근이지~"

여자들은 칸막이가 된 곳에서 입게 하고 남자들은 교실에서 그냥 입으라고 했다. 대표인 지연이와 바다에게 먼저 입어 보라고 하니 잽싸게 가서 입었다. 소라는 뚱뚱하다며 안 입으려고 하는 것을 입혀 주었다. 대부분의 학생들이 한복을 어떻게 입는지 몰라 우왕좌왕 했다. 그래서 속치마 입는 것부터 고름 매는 것까지 도와주었다. 머리도 뒤로 넘겨 묶는 것이 더 예쁘다고 하면서 매만져 주었다. 덩치가 큰 남학생 우람이에게는 한복이 조금 작은 듯했지만 아랑곳 하지 않고 멋진 포즈를 취하며 사진을 찍었다, 시원이도 드라마에서 보던 눈빛 연기, 상황 연기까지 해서 다른 사람들을 웃겼다.

나는 장내를 정리하고는 절하는 것을 가르쳐 주었다. 다솜이가 어디서 절하는 것을 보았는지 신기하게도 절을 할 줄 알았다. 내가 제대로 가르쳐 주었더니 열심히 따라했다. 옷을 벗을 생각을 하지 않고 이리저리 사진을 찍는 아이들을 설득해 다른 아이들에게도 입어보게 해야만 했다.

우리나라 한복 인기 짱!

■ 영화는 누구나 좋아해

학생들에게 영화를 보여 주겠다고 했더니 무척 좋아했다. 영화를 보여 주기 전에 감정을 표현하는 형용사를 가르쳐 주면서 영화를 보고 나서 느낌을 말해야 한다고 했더니 눈에 불을 켜고 익혔다.

학생들은 유명한 배우가 나오는 최근 영화를 기대한 것 같았으나 내가 준비한 것은 〈집으로〉였다. 줄거리가 단순하고 학생들이 쉽게 공감할 수 있는 내용이어서 좋아할 것 같았다. 예감은 적중했다. 배경이 산골 마을이어서 처음에는 살짝 실망하는 것처럼 보였는데 점점 빠져들어서 웃기도 하고 눈물을 글썽이거나 눈물을 흘리는 아이들이 많았다. 뒷부분에 자신들이 읽을 수 있는 글자가 나올 때는 따라 읽기도 했다.

영화를 다 보고 나서 준비한 종이를 나누어 주며 느낀 점을 써보라고 했다. 영화를 보기 전에 배운 감정 형용사로 쓰라고 했더니 자신들의 할머니가 그립다는 내용이 많았고, 재미있고 감동적이었다고 했다. 할머니에 대한 향수를 불러오고 아이들의 심리가 잘 드러나는 영화여서 교감이 쉽게 이뤄진 것 같았다.

■ 특별한 경험 특강

정규 수업을 시작한 지 얼마 안 되었을 때, 코워커가 농축산대 학생들과 교직원을 위한 특강을 해달라고 했다. 50명을 한 반으로 해서 3시간씩 두 번 하는 특강을 네 팀이나 해달라고 했다.

나는 한 반의 인원이 너무 많고 한 팀당 총 6시간이면 너무 짧다고 했다. 아무리 특강이라고 해도 언어를 배우는 것이기 때문에 30명이 넘으면 곤란하고, 3시간씩 세 번 9시간은 되어야 한다고 조정해 달라고 했다.

그런데 수업 시작 하루 전에 연기되었다고 하더니, 수업 시간도 4시간씩 두 번 하는 것으로 결정했다고 코워커가 통보했다. 3시간 연장으

01. 특강 개강식 / 02. 특강 수업을 받은 학생들에게 선물한 포켓북

로 하는 것도 힘든데 4시간 연강이라니. 힘들 게 뻔하지만 이러쿵저러쿵 이야기하기 싫어서 알았다고 했다. 8시간짜리 특강 교재는 서울대 교재를 근간으로 해서 한국어를 맛보기 하는 정도로 작업을 했다.

수업은 30명이라도 우려했던 것보다 어렵지 않았다. 적은 인원이 하는 것처럼 실습을 꼼꼼히 지도할 수는 없었지만 간단히 인사를 나누고 자기소개를 할 수 있을 정도로 해주었다. 학생들이 학습 내용에 부담을 가지지 않을 정도로 과감하게 생략할 것은 생략했다. 어차피 짧은 시간 배우는 것이기 때문에 많은 것을 기대하지 않는다고 생각했다. 그래서 기초회화와 기본 자모음을 속도감 있게 해서 음절표를 볼 수 있을 정도로 진행했다.

대부분 3, 4학년 학생이라고 하더니 아저씨 같은 학생들도 있었다. 하지만 수업 참여를 잘하고 진행하는 대로 잘 따라 주었다. 〈가나다라〉노래를 하는 것이 유치할 것 같아서 망설이다 했는데 우습다고 하면서도 잘 따라 불렀다. 학생들이 '가'와 '다'를 잘 헷갈려 했는데 노래가 도움이 되었다. 중간에 간식을 먹는 시간이 있어서 학생들의 반응을 물어보니 재미있다고 했다.

빠우라는 학생은 '나는 한국 여자 친구를 원합니다'라는 말을 가르쳐 달라고 했다. 음악을 하면서 만나는 사람에게 말하고 싶다고 했다. 내가 적어 주었더니 휴대폰에 녹음도 해달라고 했다.

처음에 이 수업을 기획할 때 학생들과 교직원이 섞여 있다고 해서 어디에 초점을 맞출 것인지 약간 고민을 했는데 학생들과 교직원이 분리되었고 배우고 싶은 학생들이 와서 분위기가 좋았다.

수업을 마치면 학생들이 정리하는 것을 도와주고, 어떤 여학생은 자신이 만든 과자를 선물했다. Food Science과여서 실습을 하며 직접 만든 것이라고 하는데 꽃 모양으로 너무 예뻤다. 4시간 수업하면서 쌓인 피로가 풀리는 듯했다.

그런데 두 번째 수업부터 학생들의 참석률이 현저히 떨어졌다. 학교 행사가 있다며 빠지기 일쑤였고, 날씨가 안 좋을 때는 더욱 그랬다. 언어 공부라는 것이 흥미만으로는 할 수 있는 것이 아니기 때문에 꾸준히 하는 학생들만 남았다.

나는 내 수업 방식에 문제가 있는지 고민을 했다. 그런데 동기 단원들의 경우도 같다고 했다. 정규 과목의 경우에는 학점을 받아야 하기 때문에 처음 시작한 학생들이 끝까지 수강을 하지만 그렇지 않는 경우는 들쑥날쑥 하는 경우가 많다고 한다. 돈을 내고 듣는 특강이면 좀 나을 텐데 우리 단원들이 하는 수업은 무료로 하는 것이어서 더욱 그런 것 같았다.

단원 중에 정식 과목이 개설되어 있지 않은 학교에서 특강만 하는 경우가 있는데 애로사항이 얼마나 많을지 가히 짐작할 만했다.

■ 수료증을 준 기초한국어 과정

이 학교의 수강신청 방법은 우리와 달랐다. 강좌를 개설해 놓고 누구라도 신청하게 하는 것이 아니었다. 농축산대학 측에서 나를 초빙했기 때문인지 그 단과대학의 학생들만 정규 시간에 수강을 하게 했다.

어느 날, 사회과학대학에 속한 교수가 찾아와서 방과 후에 수업을 해 달라고 조심스럽게 요청했다. 정규 수업이 아니라 다양한 언어를 학생들에게 접하게 하려는 프로젝트의 일환으로 상부에 승인을 얻어 만들어진 것이라고 했다. 20명의 학생을 대상으로 일주일에 3시간씩 10주간 수업을 진행하고, 마칠 때 테스트를 해서 수료증을 주었으면 좋겠다고 했다. 늦은 시간이어서 살짝 고민이 되었지만 배우겠다는 학생이 있으면 가르쳐야 하는 것이 내 임무라고 생각하고 하겠다고 했다.

수업에 들어가면서 학점을 받는 수업이 아니어서 학생들이 열의가 없으면 어쩌나 약간 걱정을 했다. 그러나 그것은 기우였다.

여학생 19명에 남학생 1명이었는데 수업 분위기가 아주 좋았다. 특히 청일점인 남학생 1명이 웃음 메이커였다. 한국 이름을 정할 때 강호동을 좋아한다고 해서 '호동'으로 했다. 다른 학생보다 나이가 한두 살 많아서 '안녕하세요?'를 배울 때 친구 사이는 '안녕?'이라고 하고, 어른

수업을 마치며...

에게는 '안녕하세요?'라고 한다고 하니 어떤 여학생이 그 호동에게 장난스럽게 "안녕하세요?" 해서 모두 웃었다.

여학생들이 많아서 가끔 우리말을 섞어서 진행을 해도 눈치가 빨라서 잘 알아들었다. 농축산 대학과는 분위기가 좀 달랐다. 훨씬 발랄하고 밝았다. 컴퓨터가 워낙 옛날 것이라 애로사항이 있었지만 학생들의 적극적인 협조로 수업은 순조롭게 진행할 수 있었다.

그런데 이 특강에는 강의료가 3,600밧(13만 원 정도) 책정이 되어 있다고 했다. 봉사자이기 때문에 안 받는다고 하다가 이미 상부에서 내려온 돈이라고 하기에 그 돈을 받게 되면 학생들에게 장학금으로 주겠다고 하고 수업을 시작했다. 많지 않은 돈이지만 한국어를 열심히 하는 학생 두 명 정도 선발해서 나누어 줄 예정이었다.

그런데 문득 그 돈으로 한국어 포켓북을 사서 수업을 들은 학생들에게 모두 나누어 주고, 남는 책은 비치를 해두는 것이 좋지 않을까 싶었다. 그래야 지속적으로 관심을 가질 것이며, 수업을 받지 않은 학생들도 한국어를 접할 수 있는 기회를 줄 수 있기 때문이다.

담당 교수와 상의를 해서 진행을 했다. 한 권에 130밧 하니까 26권을 살 수 있었다. 수업한 학생에게는 수료식 할 때 주고, 나머지는 사회과학대 도서관에 비치했다.

학생들과 즐겁게 수업한 뒤 선물까지 주고받으니 분위기가 훈훈하니 참 좋았다.

김밥

김밥 만들기로 한 날, 학생들이 들떠서 수업이 되지 않았다. 그래서 동사의 진행형만 간단히 수업하고, 한식을 소개하는 동영상을 보여 주었다. 그리고 재료와 김밥 만드는 법을 레시피를 보며 대략 설명하고 음식을 만드는 장소로 자리를 옮겼다.

학생들은 쌀, 오이, 당근, 계란, 참치, 양파, 마요네즈를 조별로 준비했고. 내가 김, 우엉, 단무지, 깨소금, 참기름을 준비했다. 만드는 방법을 시범을 보이면서 물었다.

"선생님 지금 뭐 해요?"

"당근 썰고 있어요."

'썰어요, 볶아요, 넣어요, 섞어요, 놓아요, 말아요' 공부를 한 것을 활용해서 문장으로 대답하도록 했다.

학생들이 처음에는 밥을 많이 놓고 예쁘지 않게 하다가 차츰 잘 만들었다. 모두들 너무 재미있어 했다. 참치에 양파를 넣고 마요네즈로 버무린 것은 단연 인기 최고였다. 1학년 학생들은 장난기가 많아서, 계란 지단을 만들 때 참치를 넣는 팀도 있고, 카이찌야우(기름을 많이 넣고 하는 프라이)처럼 만든 팀도 있었다.

락끼는 입에 들어가지 않을 정도로 크게 싸서 먹으며 엄지손가락을 치켜들고 말했다.

"선생님, 김밥 정말 맛있어요."

떡볶이

학생들과 김치를 만들 때, 배추의 물을 빼는 동안 떡볶이를 만들어 먹었다.

떡볶이를 만들기 전에 고추장을 맛보라고 하니 처음에는 안 먹으려고 하다가 내가 먼저 맛을 보니 맵지 않고 맛있다고 했다. 한번은 떡볶이를 만들어 먹을 때 맵기만 하고 맛이 별로 없었는데 가장 큰 이유가 고추장에 있는 것 같았다. KOICA에서 명절 선물로 물품을 보내 준 것에 일반 고추장도 있어서 섞어서 했다.

떡볶이 떡은 방콕에 갔을 때 한인 상가에서 사왔고 어묵은 동네 시장에서 샀다.

양파는 곱게 다지고 양배추는 큼직큼직하게 썰어서 넣고 새우 간 것도 조금 넣었더니 아주 맛있었다. 떡볶이 국물이 남아서 라면을 사오라고 해서 깨끗하게 먹어 치웠다.

비빔밥

직원들 특강을 마치고 비빔밥을 만들었다.

당근, 무, 숙주나물, 오이, 계란, 쌀을 수강생에게 준비해 오게 하고, 나머지는 내가 준비했다. 소고기와 취나물을 집에서 볶아 가지고 가고 고추장, 참기름, 마늘을 챙겨 갔다.

내가 먼저 시범을 보이고 각자 임무를 부여하면서 진행하니 잘 도와주었다. 한국에 여행 갔다 온 차이 씨는 비빔밥을 먹어 보았다고 하면서 내가 태국어로 상세하게 설명하지 못하는 부분은 덧붙여 말해 주었다.

준비가 다 되자 그릇에 보기 좋게 담았다. 색이 다양하니 예쁘다며 사진을 찍는다고 난리였다. 먹을 때 소고기를 먹지 않는 학생들은 소고기를 빼고, 매운 것을 좋아하는 학생들은 고추장을 더 넣고, 처음 보는 것을 먹기 두려워하는 학생들은 취나물을 골라내고 먹었다. 그래도 대체로 맛있다고 잘 먹었다.

촌부리 캠퍼스에서

정착하기

새 보금자리

짠타부리에서 있기로 약속한 한 학기가 끝나갈 즈음, 촌부리로 옮기기 위해 방을 구해야 했다. 학교 측에서는 학생 기숙사를 내주겠다고 했는데 들어가고 싶지가 않았다. 학생들 틈에 끼어 있는 방이라 사생활이 자유롭지 못할 뿐 아니라 시설이 매우 좋지 않았기 때문이다.

OJT 때부터 도와주던 코워커인 아짠 나티에게 연락을 했다. 그녀는 하룻밤을 자기 집에서 재워 주면서 학교 근처에 가볼 만한 곳은 다 같이 다녀 주었다. 그런데 이사철이 아니라 방이 거의 없었고 학교가 워낙 시골에 있어서 괜찮은 곳을 찾기 힘들었다.

그나마 비교적 깨끗한 방을 구해서 이사를 했다. 짐 정리가 끝나고 혼자 남게 되자 비로소 아무에게도 구속되지 않는 진정한 자유를 누리는 것 같았다. 옆에 있는 사람을 신경 쓰지 않고 내가 먹고 싶을 때 먹고, 자고 싶을 때 자는 일상을 내 마음대로 할 수 있는 것이 그렇게 기쁠 수 없었다. 집에서 인터넷이 되고, 시장도 자전거를 타고 갈 수 있으니 다른 사람에게 도움을 요청하지 않아도 되는 것이 정말 좋았다.

그런데 복병이 있었다. 새벽만 되면 '윙' 하는 소리가 나는 것이었다. 골프장의 잔디 깎는 소리였다. 그 지축을 흔드는 것 같은 소리는 한 시간 이상 계속되어서 잠을 잘 수 없었다. 골목 제일 안쪽에 있는 건물이어서 조용할 줄 알았는데 방을 잘못 얻은 것이었다.

골프장과 담을 하고 있는 우거진 나무 위로 원숭이들이 떼를 지어 다녔다. 원숭이들은 사람들을 보아도 별로 피하지 않고 먹을 것을 찾아다녔다. 내가 사는 곳이 3층이었는데 밀폐용기에 쌀을 넣어 베란다에 두었더니 통째로 들고 가 버리기도 했다.

■ 사무실과 코워커

사무실은 본관 4층 'International cooperation Department'로 정해졌다. 확실히 촌부리 캠퍼스는 부서부터 달랐다. 국제협력부의 책임자가 내 코워커인 아짠 나티(여, 30세, 미혼)이고, 업무 보조를 하는 직원은 체리(여, 23세, 결혼)이다. 사무실은 학교 행사와 기획 업무를 맡고 있는 팀과 같이 사용했는데 사무실 분위기가 밝고 화기애애했다.

아짠 나티는 태국 왕립 대학교인 마히돈 대학원을 졸업하고 국비로 미국에 6년간 유학해서 박사를 따고 온 수재이다. 국비로 유학을 한 경우에는 국립대학에서 10년간 근무해야 하기 때문에 이 학교에 오게 되었다고 했다. 나티는 할머니가 중국인이어서 태국 사람 같지 않고 한국 사람 같다는 말을 종종 듣는다고 한다. 그래서 나와 같이 다니면 닮았다는 소리도 자주 들었다. 외모만 친숙한 것이 아니라 코워커로서 역할을 아주 잘해 주어서 친하게 지냈다. 짧은 내 태국어로 의사소통이 원활하지 않을 때 유창한 영어로 해결해 주는 해결사였다.

직원 체리는 이 학교 영문학과 졸업생으로 자잘한 업무 협조를 해주고 있는데 나를 무척 좋아하고 따랐다. 다른 직원들이 내 딸 같다고 할 정도였다. 체리는 대학을 졸업하자마자 결혼을 해서 돌 지난 아들이 있다. 친정 엄마가 아들을 키워주고 있기 때문에 주말에 아들을 만나러 가는데 한 번은 체리의 아버지가 초대를 해서 2박 3일 동안 함께 지내다 오기도 했다.

01. 촌부리 캠퍼스 본관 / 02. 체육관과 인문대학

수업하기

■ 하는 데까지 해보자

2학기 수강신청 기간에 학생이 한 명도 등록하지 않는 비상사태가 발생했다. 짠타부리 캠퍼스에서 촌부리 캠퍼스로 옮긴 기간이 10월 초부터 말까지 하는 짧은 방학이다 보니 학생들에게 알려지지 않은 것이었다. 참으로 난감한 일이었다.

코워커 나티는 짠타부리에 이관 서류를 세 차례에 걸쳐 독촉했는데도 늦게 보내 주어서 나의 존재를 알릴 시간이 별로 없었다고 했다. 태국에서 일을 하려면 말로 하지 말고 문서로 하라는 말이 있다. 문서가 없으면 어떤 일도 안 된다는 말이다. 그런데도 짠타부리의 코워커는 제때에 일을 처리해 주지 않았던 것이다. 그곳에 있을 때도 일 하는 게 마음에 들지 않더니만 끝까지 실망시켰다.

하지만 이곳의 코워커는 달랐다. 그녀는 일을 원활히 처리하지 못한 것을 미안해 하며 등록 여부를 매일 체크했다. 나는 수업이 없다는 것이 내심 섭섭하기는 하나 지난 학기에 수업을 많이 해서 쉬었다가 하라는 뜻이라고 받아들이면서 태연한 척했는데도 그녀는 자신이 가르치는 학생들을 설득해서 수업이 개설되도록 해주었다.

드디어 수업하는 날, 짠타부리에서 한 학기 동안 여러 경우의 수업을 많이 해봐서 걱정을 별로 안 했는데 막상 수업하러 갈 때가 되니 조금 떨렸다.

나티에게 시간이 있으면 한국어를 배워 보라고 권했더니 사양을 하다가 한번 들어보겠다며 수락을 했다. 짠타부리에서는 학교 측에서 참관하겠다고 했는데 이번에는 내가 초대한 것이다. 학생들은 15명이 왔다. 정식 등록하는 학생이 12명, 청강생이 3명이었다. 학생 수가 좀 적기는 해도 '하는 데까지 해보자'는 평소의 소신대로 해보리라 마음먹었다.

자신들의 교수인 나티가 수업을 들으러 오니 학생들이 대환영이었다. 그런데 이상하게도 내 목소리가 기어들어가는 것 같았다. 뭔가 조심스러웠다. 학생들에게 크게 말하라고 하면서도 내가 주눅 든 느낌이었다. 아마도 한 달 이상 수업을 하지 않아서 감이 떨어진 것도 있지만 코워커 나티가 있어서 심리적으로 부담이 되었던 것 같다.

그래도 준비한 대로 진행을 하니 학생들이 재미있어 했다. 나티도 세 시간 수업이 너무 길어서 중간에 가는 것은 아닌가 했는데 끝까지 있었다. 학생들이 모두 여학생들이어서 회화 연습도 열심히 하고, 앞에 나와서 한국어로 소개해 보라고 해도 잘했다. 그래서 세 시간에 걸쳐 했던 수업을 두 시간 만에 끝내고 모음 수업을 한 시간 할 수 있었다.

첫 수업인데 너무 빡빡한 듯하여 학생들에게 수업이 어땠냐고 물으니 재미있었다고 대답했다. 나티는 나에게 피곤하지 않느냐고 물었다. 학생들과 계속해서 말을 많이 하는 수업을 하다 보니 내가 힘들어 보였던 것 같다. 사실 집에 오니 엄청나게 피곤했다.

한국어를 배울 수 있다는 소문이 조금씩 퍼지기 시작하자 한 학생이 찾아와서 친구 2명과 함께 금요일에 수업을 받고 싶다고 했다. 혼자서 책을 사서 공부를 하고 있었다고 하며 책을 내미는데 그 열의가 가상해서 5명 이상이 되면 반을 개설해 주겠다고 했다. 안내 포스터를 만들어 붙여보자고 했더니 하루 만에 만들어 왔다.

그 포스터를 보고 영문과 2학년 6명이 한국어 수업을 듣고 싶다고 찾아왔다. 코워커에게 협조를 요청해서 우여곡절 끝에 강의실을 구하고 수업을 열었더니 입소문이 퍼져서 15명까지 되었다. 전공이 다양하고 학년도 다양했다. 정식 학점을 받는 수업이 아니어서 학생들이 끝까지 하지는 못했지만 스스로 배우고 싶다고 찾아온 학생들에게 가르쳐 줄 수 있는 데까지 해주었다.

같은 사무실에 근무하는 루이가 한국에 여행을 간다고 한국어를 가르쳐 달라고 부탁했다. 그래서 한국어에 관심이 많은 수폿, OJT 때부터 나를 많이 도와주던 꺼뻬, 예쁜 아가씨 직원 넝, 나를 도와주고 있는 직원 체리에게 이야기했더니 같이 배워보겠다고 했다. 얼마나 가르칠 수 있을지 모르겠지만 그들이 배우려는 의욕이 있는 한 진행해 보기로 했다.

간단히 인사하는 법을 가르쳐주고 나서, 음절표를 펴놓고 가르치기 시작했다. 음절표의 구조를 파악하고 나서 10분도 채 못 되어 꺼뻬는 자신의 이름을 찾아서 썼다. 너무 신기해 하고 재미있어 했다.

그렇게 만들어진 음절이 만들어내는 낱말을 예로 들면서 '고기, 거기, 누나, 모자, 다리, 머리, 허리, 커피, 우유, 부자, 이렇게 10개의 낱말을 가르쳐 주고, '주세요'를 붙여서 말하게 했다. '우유 주세요', '모자 주세요', '물 주세요.' 불과 몇 분 되지 않아 한글을 읽고, 말할 수 있게 되어 뿌듯한지 자주 하자고 했다.

다음 날, 음절표를 다시 보면서 '저'를 읽을 때 '저는 ○○○입니다'라는 문장을 가르쳐 주면서 자신의 이름을 소개하도록 했다.

'차'를 읽을 때는 '차 있어요?', '차 없어요?' 문장으로 묻고 대답하도록 했더니 전날 배운 말로 '우유 있어요?' 하면서 응용을 했다. 그렇게 한글 기초를 잡으면서 회화를 하나씩 접목시켜 나갔다.

그리고 빈번하게 사용하는 말 20개를 정리한 '한국어 재미있어요'를 해보니 학생들을 가르치는 것과 사뭇 달랐다. 학생들과 달리 직원들은 바로 사용한다는 느낌으로 배워서 그런지 잘 받아들였다. 그래서 형식적인 말보다 많이 사용하는 말을 가르쳐 주고, 쉽게 기억할 수 있는 쪽으로 가르쳤다.

우리 말 수업을 이런 식으로 하면 안 될까. '어떻게 접근하면 입을 열게 할 수 있을까?'하는 화두를 푸는 실마리가 될 듯했다.

■ 실패를 인정했더니

짠타부리에서 한국어를 열심히 가르쳤지만 학생들과 몇 마디 나눌 수 없었다. 안다고 해서 말할 수 있는 것은 아니었다. 촌부리로 옮겨 온 뒤, 그곳 학생들이 간간히 라인을 통해 연락을 해왔지만 주고받을 수 있는 말이 몇 마디 되지 않았다. 나는 실패를 인정하지 않을 수 없었다.

'의사소통이 되지 않는 수업이 무슨 소용이 있는가.'

지난 학기처럼 국립국어원에서 나온 책으로 수업을 하면서 고민을 했다. 학생들을 만나면 한마디씩이라도 주고받고 싶은데 교재대로 하면 언제 할 수 있겠나 싶었다. 그래서 그때그때 필요한 말을 기록했다가 '일상 회화'로 조금씩 가르치기 시작했다. 그리고 교재에서도 실제 많이 쓰이는 패턴을 중심으로 수업을 했다.

'교양 과정 3학점, 40시간 안팎 정도 배우는데 무엇을 어떻게 가르쳐야 바람직한가?'

고민은 계속되었다. 그래서 물품으로 한국어 교육 관련 도서를 모두 신청해서 연구했다.

시중에 나와 있는 모든 교재에 한글 교육 부분이 앞에 제시되어 있는 것은 한글 수업을 어느 정도 한 뒤 한국어 수업을 하는 것이 좋다는 것으로 이해했고 나도 그것이 맞는다고 생각했다. 그러나 현실은 달랐다. 세종대왕은 아무리 우둔한 자라도 열흘 안에 한글을 깨칠 것이라고 하였지만 한 학기를 마칠 때까지도 자신 있게 읽는 학생이 몇 명 되지 않았다.

한국어 교육은 새로운 언어를 습득하게 하는 언어 교육이었다. 일반적으로 언어를 습득하는 과정은 듣기, 말하기가 어느 정도 진행된 다음에 읽기, 쓰기가 이루어지기 때문에 많이 듣고 말하는 것이 우선되어야 했다. 한글 교육은 그것을 뒷받침해 주는 것이었다. 그것을 간과했던 것이다. 그래서 이번 학기에는 말하기, 듣기에 더 비중을 두고, 학기가 끝날 때까지 회화와 한글 수업시간을 반반씩 할애했다.

또한 짠타부리 캠퍼스의 경험을 살려 새로운 방식들을 가미하고 낱말을 쉽게 기억하는 아이디어도 보강했더니 학생들이 잘 받아들이고 응용력을 발휘하여 나에게 말을 건네기 시작했다. 모르면 모르는 대로 대화하려고 시도하는 것이 어찌나 예쁜지.

한글 자모음을 두 번 정도 수업하고 나서 좀 이르다 싶지만 컴퓨터에 입력하는 방법을 가르쳐 보았다. 태국인들이 좋아하는 '사랑해요'와 본인 이름을 입력하는 것을 직접 해보게 했더니 '사랑해요 선생님'이라고 썼다.

그래서 그날 배운 회화 내용을 입력해서 메일로 보내라는 과제를 내주었다. 그랬더니 한두 문장씩 하던 것이 차츰 늘어서 학기를 마칠 때에는 제법 길게 쓰게 되었고 조금씩 응용이 된 문장을 보내기도 했다. 그렇게 학생들과 호흡이 잘 맞아서 이번 학기 수업은 일단 성공적이라고 생각했다.

■ 계절학기 해야 하나

3월부터 5월까지 긴 방학 동안 어떻게 지낼 것인지 즐거운 고민을 했다. 학교에서 방학 특강 요청이 없었기 때문에 3달 동안이나 시간을 자유롭게 쓸 수 있어서 휘파람이 절로 나왔다.

파견된 지 1년이 지나면 국외여행이 허용되기 때문에 한국에 한 번 들어갔다 오고, 주변국인 미얀마에 여행을 다녀올 계획을 세웠다. 그리고는 짬짬이 신학기용 교재를 만들어야겠다고 생각했다.

그러던 3월 초 어느 날, 문득 Summer School을 해야겠다는 생각이 들었다. 달력을 보니 귀국까지 남은 기간 동안 방학 특강을 할 수 있는 기회가 이번밖에 없었기 때문이다. 그래서 '10 week Korean Summer

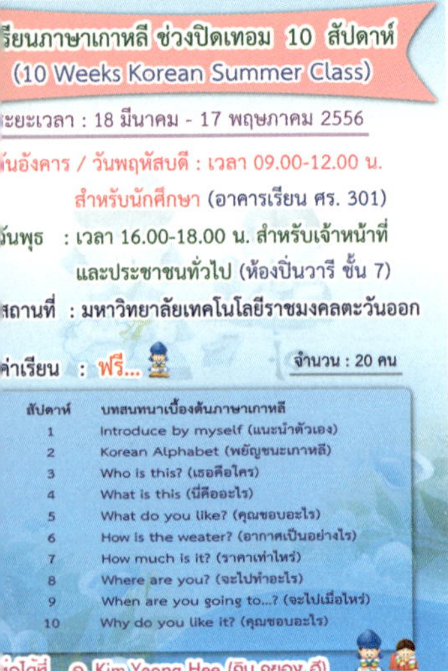

계절학기 홍보지

Class'와 '10 week Korean Food Class'를 기획해서 코워커를 찾아갔다.

나티에게 자료를 보여 주니 한국어 수업은 긍정적인 반응을 보였고, 한국 음식 수업은 난색을 표명했다. 자신이 속한 Food Science 학과의 실습실을 일시적으로 사용하는 것은 문제가 안 되지만 장기간 사용하는 것은 전체 교수들이 모였을 때 상의를 해봐야 한다고 했다. 나는 사정이 여의치 않으면 안 해도 상관없다고 한 발짝 물러섰다.

나티는 다른 과목의 Summer School은 진행이 다 된 상태여서 담당 직원에게 가능한지 물어봐야 하고, 홍보도 알아서 해야 할 것이라고 했다. 그리고는 내가 만들어 간 내용을 태국어로 고쳐서 담당 직원에게 이야기했다. 그 직원은 너무나도 쉽게 가능하다고 하고, 학생들이 등록을 해서 학점을 받을 수도 있다고 했다.

직원을 위한 특강도 개설했다. 수요일 오후 4시부터 6시까지 주민들의 수강도 가능하다는 문구를 넣은 홍보지를 게시판에 걸었다.

그런데 그렇게 마음을 내서 강좌를 열었건만 학생이 5명밖에 오지 않았다. 홍보 기간이 짧았던 탓도 있었지만 방학 동안 시골 캠퍼스에는 학생이 거의 보이지 않는다는 사실을 미처 생각하지 못했던 것이다. 계절 학기로 영어 특강이 개설된다고 하기에 이 캠퍼스는 다를 줄 알았는데 짠타부리와 거의 비슷했다.

5명 학생 중에 한 명이 '랏다'였다. 랏다는 탁구를 치러 가서 친해진 학생인데, 그 랏다가 친구 두 명을 데리고 왔다. 난감한 표정으로 인원이 10명이 안 되면 수업 개설이 불가능할 수 있다고 말했더니 학생들이 꼭 배우고 싶다고 열심히 하겠다고 간절한 눈빛을 보냈다.

'5명이라도 해야 하나.'

마음이 흔들렸다. 5명 때문에 방학 동안 시간을 자유롭게 쓰지 못하고 수업을 해야 하나 살짝 고민이 되었다. 하지만 적은 인원이라도 배우고 싶어 하는 학생이 있다면 가르쳐야 하는 것이 내 임무이니 정말 안 빠지고 열심히 할 것인지 재차 묻고는 하기로 했다.

교재는 방학 동안 만들어서 2학기에 사용하려고 했던 계획을 조금 당겨서 계절학기에 해보는 것도 괜찮을 것 같았다. 전체적인 윤곽은 미리 생각해 두었던 대로 '누가, 무엇을, 언제, 어디서, 왜, 어떻게'에 초점을 맞춰 질문하는 6하 원칙을 전체 흐름으로 잡았다. 그리고 다음 세 가지를 기준으로 만들어 나갔다.

1. 너무 많은 것을 가르치지 말자.
2. 한번 사용한 말을 응용해서 반복학습이 되도록 하자.
3. 그림, 영상을 통해서 쉽게 이해하도록 하자.

한 주 한 주 교재 만드는 일로 시간 가는 줄 몰랐다. 난 학기에 가르쳐 보았던 실용회화와 그동안 만들어 쓴 자료들, 물품으로 받은 한국어 교재를 검토하면서 내용을 구성했다. 가장 많이 사용되고 학생들이 알고 싶어 하는 말들을 짧은 문장으로 선별했고, 학생들이 좋아했던 노래와 게임을 넣고, 새로 배울 어휘는 그림과 함께 제시를 했다. 학생들이 보기에 딱딱하지 않도록 편집도 했다.

교재를 만들면서 무엇보다도 중요하게 생각했던 것은 각 단원의 긴밀성과 반복학습이었다. 《Restart English》에서 힌트를 얻어 작업했는데, 그 책은 가장 쉬운 문장에서 시작해서 그림과 함께 읽으면 설명 없이도 자연스럽게 내용을 이해할 수 있었다. 문장구조에 조금씩 변화를 주고 새로 나오는 말은 그림으로 유추할 수 있었던 것이다. 나도 그런 나선형 반복학습을 기반으로 삼았다.

다행스럽게도 학생들은 내가 만든 교재로 수업하는 것을 재미있어 했고 마침내 계절학기 수업이 마무리될 즈음에는 초보적인 수준에서 의사소통이 가능하게 되었다. 정말 뿌듯한 일이 아닐 수 없었다. 지난 학기보다 더 흡족했다.

무엇보다 감격스러웠던 것은 방학을 거의 교재 만드는 데 정성을 쏟은 결과, 내가 만든 교재를 드디어 손에 쥐게 된 것이었다. 내가 원하는 방향으로 가르칠 수 있고, 언제든지 내용을 보충하고 수정할 수 있는 '내 교재'가 생긴 것이었다.

누군가 말했다. '가르치는 데 교재가 반이다'라고.

■ 직원 특강

직원들을 위한 특강을 여는 것도 쉽지 않았다. 우선 교실을 찾는 일이 급선무였다. 책임자인 부총장 콤드언에게 직접 도움을 요청하지 않고 실무자들을 상대로 절차에 따라 하려고 하니 넘어야 할 산이 많았다. 관리를 맡은 직원 능에게 말했더니 인문대학장에게 허락을 받아야 한다고 하면서 방학 중에 인문대학 교실을 사용하려면 청소를 담당하는 직원에게 시간외 수당을 주어야 한다며 난색을 표명했다. 그래서 평소에 알고 지내던, 부총장을 돕고 있는 아짠 촌나티를 만나 부탁했다. 촌나티는 한국어를 배우고 싶다고 했기 때문에 방법을 찾아 줄 것 같았다. 그녀가 나서서 본관 건물 사용 일정을 알아보고 회의실 한 칸을 쓰도록 해주었다.

하지만 아무런 시설이 없는 회의실이어서 빔프로젝트를 빌려야 했고, 내 노트북을 가지고 다녀야 했다. 화이트보드는 코워커가 속한 단대에서 빌려서 차로 실어 왔다.

수업시간을 정하는 것도 쉽지 않았다. 4시부터 6시까지라고 공고했는데 근무시간이 4시 반까지이기 때문에 4시에 오는 사람이 없었다. 교직원을 위한 특강이기 때문에 30분 정도는 일찍 마치고 올 수 있을 것이라 생각했는데 눈치가 보여서 그럴 수 없다고 했다. 할 수 없이 수업시간을 30분 늦추었다.

수강생 모집도 난코스였다. 같은 사무실을 사용하는 루이, 수폿, 체리, 넝과 나를 아는 교수들, 다른 사무실 직원들이 한국어를 배우고 싶다고 하더니만 막상 수업하러 온 사람은 10명이었다. 관심이 있고, 마음이 있다고 해도 실제로 공부하는 것까지 이어지기는 쉽지 않은 것이다.

수강생 10명 중에 교수는 3명이었다. 50대 후반의 두 여교수와 30대 초반의 아가씨였다. 인문대의 최고령인 듯한 아짠 낫이 의외로 와서 기뻤지만 나이가 많아서 잘할 수 있을지 염려가 되었다. 행정실장인 렉은 그녀의 남편 안과 같이 왔다. 그는 촌부리에 있는 고등학교의 교감이라고 했다. 어찌나 열심히 하고 재미있게 말하는지… 분위기 메이커였고 반의 리더였다. 수강생 중에 직원의 자녀인 초등학생도 2명 있었다.

짠타부리에서 교직원 특강을 한차례 해보았기 때문에 큰 무리는 없었으나, 학습자의 연령대가 다양해서 수업을 어떻게 진행해야 할지 고민스러웠다. 그런데 수업을 막상 해보니 괜찮았다. 바쁜 가운데도 배우고자 하는 열망이 있는 사람들이 와서 그런지 분위기가 좋았다. 모두가 처음 접하는 강의라 서로 배려해 주는 마음이 많았다. 자유스럽고 편한 분위기로 진행했더니 질문도 많았다.

그런데 열 살인 디야는 잘 받아들이는 것 같은데 여덟 살인 디우는 오랜 시간 집중하기도 어렵고 이해하는 데 한계가 있었다. 그래도 꼬박꼬박 와서 열심히 했다.

01. 8살도 배우고 있어요 / 02. 제일 열공한 행정실장과 남편

그런데 시간이 지날수록 잘 받아들이는 사람은 진도가 쭉쭉 나가는데, 그렇지 않은 사람은 어려워 했다. 가끔 수업을 빠진 사람은 더욱 허덕댔다. 그럴 때 젊은 여교수 몬과 안처럼 잘하는 사람들이 옆에 있는 사람들을 도와주게 했고, 회화 연습의 우선 상대가 되어 본보기로 삼기도 했다.

교직원들 수업 시간이 2시간 정도여서 많이 가르쳐 줄 수가 없었지만 학생들 수업하는 것과는 다른 매력이 있었고, 교직원들과 좋은 인간관계를 맺을 수 있어서 학교 생활하는 데 윤활유 역할을 해주었다.

■ 수강 신청한 학생이 또 없다

지난 학기에 수강 신청기간 동안 등록한 학생이 한 명도 없었던 것처럼 이번 학기도 그랬다. 어찌 된 영문인지 알 수가 없었다. 수업을 받은 학생들의 반응이 상당히 좋았고, 전공과목과 시간이 겹쳐 수업을 들을 수 없다고 하소연한 영문학과 학생들을 위해 영문학과 학과장을 만나서 상황을 설명하고 배려를 해달라고 부탁을 했었다. 또한 시간 선택이 용이하도록 5개 반을 개설해 달라고 담당 직원에게 요청해 두었다. 그런데 2개 반만 개설이 되었고, 한 명도 신청하지 않은 것이었다.

아마도 태국 대학교의 경우 수업 시간표가 지도교수들에 의해 거의 정해져서 학생들이 선택할 수 있는 여지는 별로 없는 분위기 때문인 것 같았다. 코워커 나티도 의외의 반응이라며 좀 기다려보자고 하면서 단과대학에 배부된 시간표 묶음을 보여 주었다. 그것은 학교 측에서 각

과별로 만들어 놓은 것이었다. 이 학교의 경우 college의 성격이 강해서 선택과목도 학생들의 선택권이 거의 없다고 했다.

가만히 있어서는 안 될 것 같았다. 책임자인 부총장과 학과장이 아무런 액션을 취하지 않는 것 같았기 때문이다. 새로운 언어를 배우고 새로운 문화를 접하는 것이 학생들에게 중요한 일이라고 인식한 다른 기관의 경우에는 한국어를 수강할 수 있도록 홍보를 하고 교수들의 협조를 구한다고 들었다. 어떤 학교는 시간이 맞지 않아 수강신청을 못하는 경우를 대비하여 한국어를 우선 신청을 하도록 하는 제도를 마련하거나, 한국어 교육 과목을 교양 선택에서 교양 필수로 바꿔주는 경우도 있었다.

나는 책임자인 부총장에게 편지를 쓰기로 마음먹었다. 수강신청 조정기간이 있으니 빨리 손을 쓰도록 압력을 넣는 것이 내가 할 일이라고 생각했다. 정중하고 예의를 갖추어 상황을 설명하고 학생들이 한국어를 배울 기회를 놓치지 않도록 조치를 취해 달라는 부탁의 글을 썼다. 코워커 나티에게 수정할 것이 있으면 말해 달라고 했더니 당연히 할 말을 했다고 하면서 수정 없이 그대로 올리겠다고 했다.

말이 아니라 문서로 작성을 했더니 반응이 왔다. 나를 만나고 싶은데 일정이 많아서 그렇다며 이틀 후에 보자고 연락이 왔다. 하지만 그때는 내가 수업이 있어서 다시 시간을 잡아 달라고 전했다.

부총장의 협조를 이끌어 내려는 와중에 Food Science 학과 2학년 31명이 신청을 했다. 코워커와 같은 단대에 근무하는 교수의 배려 덕분이었다. 물론 지난 학기에 수업을 받았던 학생들이 추천을 많이 했다고 하나 평소 그 교수와 친분이 없었다면 불가능했을 것이다.

그 다음 날 Animal Science 학과 1학년 63명이 또 신청을 했다. 수업 시간을 조정하다가 안 되어서 내 수업으로 몰아주었다는 말이 들렸다. 그렇게 해준 교수가 바로 방학특강을 듣던 젊은 여교수 몬이었다.

그리고 랏다를 비롯하여 지난 학기에 수업을 받은 학생 중에서 다음 단계를 계속 하고 싶어 하는 학생이 있어서 Korean 2를 개설했다. 졸지에 100명이 넘는 수강생이 생겼다. 전교생이 1,500명 정도이니 15명 중 1명은 나에게 수업을 받게 된 것이다. 너무 기뻤다.

내가 싱글거리며 다니니 대부분의 사람들은 잘되었다고 하는데, 겉으로는 친절한 척하면서 전혀 협조를 하지 않았던 영문학과 교수들의 표정이 묘했다.

'웬 학생들이 그리 많지?' 하며 놀라는 표정, '그럴 리가 없는데…'라는 의미심장한 표정을 읽을 수 있었다.

특히 직접 찾아가 부탁했던 영문학 학과장이 내가 등록한 학생이 없다고 하니 "학생들이 중국어를 더 좋아하는 것 같아요"라고 말해서 너무 얄미웠는데 상황이 역전되어 너무 고소했다.

학생들이 모두 자발적으로 신청한 것은 아니지만 많은 학생들을 가르칠 수 있는 좋은 기회인 것만은 확실했다.

"선생님, 안녕하세요?"

첫 수업을 할 때 어디서든지 나를 만나면 큰 소리로 인사하라고 학생들을 가르쳤더니 교정 여기저기에서 인사를 했다. 선생님은 학생들이 있을 때 존재하는 이유가 있고, 봉사할 수 있는 기회가 생기는 것이었다.

상황이 종료된 후에 부총장을 우연히 만났다. 그녀는 수강신청은 학생들이 하는 것이고 한국어를 위해 다른 시간을 조정하는 일은 불가능하다는 입장만 보였다. 자신이 해줄 수 있는 것이 없어서 미안하다고만 말 할 뿐이었다.

이처럼 무책임한 기관이 종종 있었다. 수요조사를 할 때 아무런 계획도 준비도 하지 않고 봉사자를 보내 준다면 받겠다는 식이다. 일시적인 특강 몇 시간 하는 게 고작이고 일 년 이상 개선되지 않는 경우도 있다. 이럴 때 개인이 노력하는 데는 한계가 있기 때문에 사무소 측의 역할이 무엇보다도 중요하다고 생각했다.

■ 수업 변화를 꾀하다

중간고사 시험 감독을 들어갔을 때 마음이 갑갑했다. 공부를 하지 않은 학생이 많았기 때문이다. 시험문제는 아주 기초적인 대화를 알고 있는지, 받침 없는 한글을 읽고 쓸 수 있는지에 초점을 맞추었다. 가르친 내용 중에서 여러 번 반복했던 것만 출제를 했고, 꼭 알아야 할 것만 출제했다.

채점을 하면서 알게 되었다. 1학년과 2학년이 현저히 다르다는 것을. 같은 과목이어서 똑같은 교재로 수업을 하고, 똑같은 수업시간으로 가르쳤는데 20점 만점 중 15점 이상이 2학년은 90%이고 1학년은 30% 정도였다. 그리고 2학년은 10점 미만이 없는 반면에 1학년은 40%이나 되었다.

알고 지내는 3학년 학생들에게 이 문제에 대해서 물어보니 1학년은 대학교에 들어온 첫 학기여서 아직 적응이 안 된 탓도 있고, 친구들과 노는 것이 좋은 시기이기 때문이라고 했다.

수업을 하면서 분위기가 다르다는 것을 알고는 있었다. 1학년 한 반의 인원이 30명 이상으로 2학년보다 많다 보니 산만하고, 틈만 나면 장난치고 놀려고 했다.

그래서 중간고사 이후, 1학년과 2학년의 학습내용을 다르게 하고 학습방법도 바꾸어야 하는지 고민이 되었다. 하지만 동일한 과목을 배우고 있고, 시험을 한 교실에서 같이 쳐야 하기 때문에 현실적으로 불가능했다.

1학년은 더 이끌고 가야 하고, 2학년은 조금 여유 있게 수업을 해서 어느 정도 맞춰야 할 것 같았다. 시험 결과를 한 번 더 분석했다. 억지 춘향으로 끌려와서 앉아 있는 10점 이하인 학생 14명은 아직 자음과 모음의 음가를 제대로 익히지 못한 것 같았다.

그래서 그 학생들은 따로 모아서 더 가르쳐야 하는데 시간을 확보하는 것이 쉽지 않은 일이어서 다른 아이들은 30분 일찍 마쳐 주고 14명의 학생만 더 가르치기로 했다.

그리고 자리 배치도 바꾸었다. 지금까지는 학생들이 앉고 싶은 자리에 앉았으나 14명은 앞쪽에 앉혔다. 수업시간에 한번이라도 더 관심을 가져 주기 위함이었다.

이 두 가지 방법은 확실히 효과가 있었다.

우선 자리를 구분하는 것이 불쾌할 수도 있는데 잘 넘어갔다. 처음에는 머쓱해 한 학생도 있었지만 한글을 아직도 못 읽는 것은 '땅짜이(마음을 두는 것)'하지 않는 것이라며 선생님 마음이 슬프다고 말하면서 압력 반, 호소 반을 했기 때문이다. 아직 확실하게 알지 못하는 학생도 약간 긴장을 하는 분위기였다. 자리 구분을 하면서 친한 친구와 같이 앉아서 수다를 떠는 것도 막을 수 있었다.

14명을 남겨서 가르칠 때 몇 번 같이 하고 나서는 한 사람씩 확인해서 다 익힌 사람은 가도 좋다고 했다. 한두 번 만에 통과를 하고 가는 학생도 있고 몇 번을 해야 하는 학생도 있었다. 가장 멍하게 앉아 있던 우아랏과 멘이 집중력을 발휘해서 통과를 할 때는 모두 박수를 치고 하이파이브를 했다.

그렇게 몇 번 하니 대부분 어느 정도는 할 수 있었다. 학생이 아무리 많아도 소수 엘리트를 위한 수업이 아니라 모두가 같이 즐겁게 배우는 수업을 하는 것이 나의 목표인데 변화를 시도한 수업방법은 성과가 있었던 것 같았다.

■ 휴대폰 주세요

태국도 휴대폰 문제가 심각하다. 학생들이 휴대폰을 진동으로 해놓기는 하지만 틈만 나면 사용한다. 30명 이상 언어수업을 하는데 집중하지 않으면 진행 자체가 어렵기 때문에 통제하지 않을 수 없었다. 처음엔 주의를 주고, 또 적발되면 압수했다가 수업이 끝나면 주었다. 그런데 적발되는 학생이 많아서 안 돌려준다고 했더니 좀 줄어들었다.

그러다가 정말 안 돌려줄 거라고, 한국에 가져갈 거라고 분명히 말했는데 멕이 걸렸다. 겁이 났는지 나와 눈이 마주치자 발밑으로 밀어서 던져 버리고, 내가 그것을 주우려고 하자 다시 발로 당기다가 놓치고 말았다. 그때 내가 얼른 주워서 가방에 넣었다. 수업 마치고 멕이 눈치를 보며 휴대폰을 돌려 달라고 불쌍해 보이는 얼굴을 하며 애원했다.

"휴대폰 주세요."

시간을 보기 위해서 잠깐 휴대폰을 만진 것뿐이라고 했다. 안 된다고 했더니 칠판을 지우고 뒷정리를 도우면서 자기 때문에 친구들이 가지 못한다고 사정을 했다. 태국에서는 1학년 학생들이 수업을 옮겨갈 때 같은 반 학생들이 일렬로 줄을 서서 함께 간다. 모두 준비되어야 출발하기 때문에 멕이 자기 때문에 친구들이 못 간다고 안절부절 하는 것이었다.

그래도 모른 척하고 사무실로 올라갔더니 따라왔다. 그렇게 주의를 주었는데도 또 그랬으니 어물쩍 넘어갈 수 없었다. 만약 그냥 넘어가면 다른 학생들도 통제가 불가능할 것 같았다. 그래서 다시 그러지 않겠다는 각서를 쓰라고 했다. 순순히 쓰겠다고 했다. 각서를 쓰는 모습을 보니 슬그머니 웃음이 나왔다. 멕도 웃었다.

각서를 다 쓰고 나서 휴대폰을 돌려주니 정말 죄송하다는 표정으로 인사하며 고맙다고 했다. 멕이 가는 뒷모습을 보며, 선생님이 주는 벌을 달게 받는 학생, 그런 친구를 당연하다는 듯이 기다리는 학생들 모두가 너무 착해서 마음이 찡했다.

■ 공개수업

KOICA 본부에서 직원이 왔는데 단원 활동 모습을 보고 싶다며 내가 있는 기관에 방문해도 되는지 사무소에서 연락이 왔다. 수업도 참관하고 싶다고 했다. 방문하는 날 수업하는 반의 학생이 몇 명 안 된다고 해도 상관없다고 했다. 사무소에서는 부담 가지지 말라고 했지만 공개수업을 하는 것처럼 준비하는 상황이 되었다.

방문 당일, 코워커가 소장님과 본부 직원을 맞이했다. KOICA 사무실에서 부총장에게 연락했는데 바빠서 시간을 낼 수가 없다고 했고, 내가 속한 영문학과 학과장은 수업이 있어서 곤란하다고 했단다. KOICA의 책임자가 온다고 하는데 기관의 책임자가 시간을 내주지 않는 것이 섭섭했다. 소장님은 그저 다니러 온 것이기 때문에 상관없다고 하셨지만, 본인들이 사정이 있으면 다른 책임자에게라도 부탁을 해야지 코워커에게만 맡겨 놓는 것이 너무 성의 없게 여겨졌다.

소장님과 본부 직원을 사무실로 모시고 와서 내가 만들어 쓰는 교재를 한 부씩 드렸더니 소장님이 보시고는 기다리던 것을 얻었다는 듯이 호들갑스러울 정도로 칭찬하시며 좋아하셨다. 빨리 다른 단원들도 사용할 수 있도록 하자고 하셔서 아직 그럴 단계는 아니라고 했다. 일단 인증샷이 필요하다고 하시며 태극기를 배경으로 교재를 들고 사진을 찍게 했다. 그 순간 뭔가 큰일을 해낸 것 같은 상황이 되었다.

소장님께 도서관에 '한국어 코너'를 마련했다고 하니 직접 가서 보고 싶다고 했다. 나는 수업 시간이 다 되어서 코워커 나티에게 소장님을 모시고 갔다 오도록 부탁했다.

수업하는 동안 소장님이 언제 올지 몰라 신경이 쓰였는데, 마침 회화에 한글 지도를 병행할 때 들어와서 둘 다 보여줄 수 있었다. 가족의 직업을 묻는 내용에서 낱말 카드를 보여 주면서 진행을 하니 본부에서 온 직원이 열심히 사진을 찍었다.

소장님은 20분가량 수업을 지켜보다가 가겠다는 신호를 보냈다. 가기 전에 본부 직원에게 학생들의 대화 상대를 해달라고 부탁했다. 학생들이 낯선 젊은 한국 남자와 회화를 해볼 수 있는 좋은 기회를 놓칠 수 없었다. 본부 직원이 앞에 나오자 학생들이 부끄러워하며 잘 쳐다보지도 못하고, 배운 것을 연습해보라고 해도 한 마디도 못했다. 그래서 내가 몇 마디를 물꼬를 터주었더니 차츰 이것저것 물어보기 시작했다. 본부 직원은 학생들이 한국어로 말하는 게 재미있는지 연신 싱글벙글 했다.

잠시 쉬는 시간을 가지며 배웅을 하러 나갔더니 본부 직원이 나에게 수업을 잘한다고 하면서 사람도 잘 활용한다고 엄지손가락을 치켜세웠다. 소장님도 고개를 끄덕이며, 도서관에 한국 관련 책이 전시된 것을 보고 다른 학교에도 어떻게 해야 하는지 힌트를 얻었다고 했다.

손님이 가고 나자 마음이 홀가분하였다. 며칠 동안 긴장해서 준비를 하였는데 끝난 것이다. 덕분에 교재를 마무리했고, 도서관에 물품 비치하는 것도 빠르게 진행해서 마쳤다.

■ 인터뷰를 통해 기초회화 완성하기

수업 성적은 100점 만점에 중간고사, 기말고사, 과제, 출석, 그리고 인터뷰가 각 20점씩이라고 학생들에게 학기 초에 공지했다.

인터뷰는 '이름이나 직업이 무엇인지, 어디에 사는지, 가족이 몇 명인지, 무슨 음식을 좋아하는지, 왜 한국어를 공부하는지'를 묻겠다고 예시했다.

기말고사가 다가오자 배운 회화를 총정리해 주면서 인터뷰 할 문장을 인쇄해서 나누어 주었다. 많이 사용하는 30문장을 제시하고 10문장 정도를 묻겠다고 했다.

3명 내지 5명씩 한 조를 이루어 인터뷰를 진행했다. 돌아가면서 질문을 하고 대답하게 했다. 내 말을 알아듣는지, 묻는 말에 제대로 대답하는지를 평가했다. 원칙적으로 친구에게 가르쳐 주면 안 되는 것이지만 눈짓하고 속삭이는 것을 눈감아 주었다. 서로 가르쳐 주는 것도 공부라고 봐주고, 그렇게라도 한마디 더 하려는 노력을 가상히 여겼다.

수업시간에 수없이 말하고 따라하게 했는데 인터뷰 할 때 몇 마디 말을 하지 못하는 학생이 여럿 있었다. 그래도 서로 의논해 가면서 웃고 즐기면서 하는 분위기는 좋았다. 20점 만점에 15~19점까지 점수를 주는데 1점이라도 더 받으려고 애쓰고 애교를 부리는 모습이 어찌나 귀엽던지. 제일 농땡이인 우아랏이 전화번호를 다 말할 때는 박수가 절로 나왔다.

■ 설문지 받기

아, 기분 좋다!

30명이 넘는 학생들, 그것도 풀어 놓은 망아지 새끼 같은 1학년의 마지막 수업 날. 설문지를 받았는데 예상 외로 반응이 너무 좋았다.

이전에 학생들에게 설문지로 받았더니 한결같이 좋은 이야기만 해서 별로 참고할 것이 없었다. 그래서 이번에는 구체적으로 학생들이 어떻게 느끼고, 어떻게 받아들였는지 알 수 있도록 설문지를 만들었다.

우선 한글을 어느 정도 읽고 쓸 수 있는지, 수업 내용이 좋은지, 수업 방법이 적절한지. 학생들과 호흡은 잘 맞았는지. 과제가 많다고 느꼈는지 항목별로 나누어 표시하게 했다.

평소에 3시간 수업 시간을 거의 채우는 편인데 마지막 수업도 인터뷰를 하느라 생각보다 시간이 지체되어 5분을 초과해서 마쳤다. 끝까지 너무 힘들게 한다고 여길까 봐 설문지를 받지 말까 하다가 수업이 어땠는지 묻고 싶다고 했더니 여기저기에서 좋았다고 감사하다고 말했다. 말이 길어지는 것 같아 설문지를 받고 싶다고 했더니 흔쾌히 하겠다고 했다.

한글을 읽고 쓸 수 있는지, 한국어로 대화를 할 수 있는지 1~5 단계 정도를 묻는 질문에 다소 심각한 표정으로 표시를 하더니, 수업이 재미있는지, 수업내용이 좋은지, 수업방법이 좋은지, 학생들과 소통이 잘 되었는지를 물을 때는 당연히 좋았다고 하는 말들을 왁자지껄하게 하면서 표시했다. '수업이 재미있나요?'를 물을 때 거의 모든 학생이 '사눅막(아주 재미있어요)'하면서 줄을 끝까지 그었고, 특히 비야와 락끼는 '댐

댐(꽉 채워)'이라고 하면서 웃겼다.

하고 싶은 말이나 느낀 점을 쓰라고 했더니 모두들 고개를 숙여서 열심히 썼다. 몇 명은 다른 학생들이 다 써서 냈는데도 계속 썼다. 설문지를 받아 보니까 사랑한다고 쓰거나 하트 모양을 그린 학생들도 많았다. 그중 몇몇은 엄지손가락을 치켜든 손을 그리거나, 재미있는 그림을 그리고 사랑한다고 쓴 아이들도 있었다. 감동이 물밀듯이 밀려왔다. 가슴에 무언가 꽉 차오르는 느낌이었다. 학생들과 마지막 인사를 나누고 나서 사진을 같이 찍었다. 교실에서 한두 컷을 찍다가 밖으로 나가서 단체 사진도 찍었다.

태국 학생들이 그리 열심히 공부하는 편이 아니고, 스스로 하고 싶어서 신청한 아이들이 모인 것도 아닌데다가 집중력이 떨어지는 오후 수업이라 나도 힘들었지만 학생들도 적잖이 괴로웠을 것이다. 그래도 설문지에 써준 것을 보면 학생들에 대한 나의 애정을 알고 있는 것 같았다. 무엇보다도 내가 만든 교재로 수업을 하고 나서 좋은 반응을 보게 되어서 더욱 기뻤다. 그동안 고민하면서 가르친 보람을 느꼈다.

■ 마지막 학기 수업

귀국 전 마지막 학기가 시작되었다.

귀국일이 학기 중간이기 때문에 부총장에게 미리 상의를 했다. 만약 수업시수를 다 채우지 못하는 것이 문제가 되면 강의를 시작하지 않을 것이고, 문제가 없다면 Korean 1(기초반)과 Korean 2(심화반) 한 반씩만

01. '귀요미송' 따라 하기 / 02. '곰 세 마리' 춤추기

하겠다고 했더니 원하는 대로 하라고 했다.

기초반 수업을 할 때 교재를 책으로 묶은 것을 나누어 주었다. 지난 학기에는 수정하며 하느라 프린트물 형식으로 나누어 주던 것을 이제는 완성본으로 줄 수 있었던 것이다. 학생들에게 교재를 주면서 내 강의를 신청해 줘서 진심으로 감사하다고 말하며 내가 만든 교재라고 소개했다. 그 뿌듯함은 이루 말할 수 없고 편리함 또한 엄청났다. 웬만한 보조자료가 교재 안으로 들어갔기 때문에 찾아보기 쉬울 뿐만 아니라 다양한 수업 내용이 일목요연하게 정리가 되어 있어서 가르치기가 수월했다.

수강생은 20명 남짓이었는데 공부를 하고 싶은 학생들이 자발적으로 모여서 분위기가 너무 좋았다. 학과가 다양하고 대부분이 4학년이었는데 항공학과 학생들이 분위기를 산뜻하게 만들었다.

학생들은 열의가 높아서 눈들이 초롱초롱했다. 잘할 때마다 기특해서 '똑똑해요'라고 하니 재미있는지 따라하며 합창을 했다. 학생들이 이해를 잘하고 잘 받아들이다 보니 전에는 가르쳐 주지 않았던 것들까지 가르쳐 주게 되고 진도가 쑥쑥 나갔다. 수업 시간 3시간 다 채워도 힘들어 하지 않고 더 하고 싶어 했다.

수강하는 인원이 많지 않으니 꼼꼼히 챙겨줄 수 있었다. 마그네틱으로 된 자음과 모음으로 글자를 만들어 보라고 해서 숙제를 검사하고, 그날 배운 대화를 연습해서 휴대폰에 녹음을 해온 것을 확인해줄 수 있었다. 녹음을 하게 하는 것이 e-mail 보내는 것보다 입을 열게 하고 발음을 교정하는 데 효과적이었다. 학생들도 재미있어 하면서 처음에는 친구와 녹음으로 하더니 나중에는 동생이나 엄마에게 가르쳐 주고 녹음을 해오기도 했다. 한 시간 한 시간이 태국에 온 이래 가르치는 기쁨을 가장 만끽하는 수업이었다.

마지막 수업을 하는 날까지도 학생들과 함께하는 시간이 너무 행복했다. 그래서 헤어져야 하는 것이 너무나 아쉬웠다. 학생들도 이제 한국어의 맛을 알게 되었는데 떠난다고 하니 무척 아쉬워하는 표정이었다.

교재 만들기

왜 교재를 만들게 되었나?

현지에 가니 현지인의 입장에서 한국어를 생각할 수 있었다.

본격적으로 한국어를 배우겠다는 사람이라면 오랜 시간을 두고 체계적으로 공부를 해야겠지만, 대부분의 경우 한국에 대한 관심이 높아져서 한국인을 만나면 가벼운 의사소통을 하길 원했고, 한국인을 통해 한국 문화를 직접 접해보고 싶어 했다. 그것이 바로 교양 선택으로 듣는 대학생들을 상대로 내가 가르쳐야 했던 내용이었다.

그런 학생들을 가르치기 위해 심사숙고 끝에 선택한 교재가 처음 한국어를 배우는 학생들에게 맞지 않았다. 단순한 말조차 익히는 것이 쉬

01. 공동교재 표지
02. 내가 만든 교재 표지

운 일이 아닌데 난이도가 너무 높았고 한국을 거의 접해 보지 못한 외국인에게는 관심을 끌기가 어려운 내용이 많았다.

어떤 과정을 거쳐서 만들었나?

'어떻게 하면 한국어를 입에 올릴 수 있을까?'

이 화두를 가지고 수업을 하면서 1년간 고민을 한 뒤, 동기 단원들과 선배 단원들의 의견을 듣기 위해 찾아갔고 협조를 구했다. 현지에서 가르치고 있는 사람들의 경험이 절대적으로 중요하다고 생각했던 것이다.

"자신의 노하우를 누가 쉽게 주겠어요?"

일부 우려의 목소리가 있었지만 정말 많은 단원들이 기꺼이 도와주었다. 그 결과 유용한 정보를 확보하여 활용할 수 있었다. 한편으로는 선배들이 남기고 간 자료들, 물품으로 신청한 한국어 교육 관련 책들을 모두 검토하였고, 태국에서 나온 책들도 수집해 분석했다. 그런 다음 전체적인 윤곽을 잡아서 방학동안 계절학기에 시범적으로 교재를 만들며 수업을 했고 수업을 하면서 잘못된 것은 수정하고 아이디어가 떠오르면 추가하면서 '한국어 기초교재'를 완성했다. 새 학기에 또 한 번 수정 과정을 거친 뒤 10월 업무평가회 때 제출할 수 있었다.

어떤 기준으로 만들었나?

1. 내용 : 태국인의 가장 큰 관심사인 '즐거움(혹은 재미)'에 초점을 두고, 재미있게 공부할 수 있도록 했다.
2. 구성 : 질문이 이루어지는 '누가, 언제, 어디, 무엇, 어떻게, 왜'를 사용해, 의사소통이 이루어지도록 했다.
3. 문장 : 의사전달에 불필요한 것은 가급적 생략했고. 문법적으로 맞지 않아도 자주 쓰이는 것들은 포함했다.
4. 어휘 : 일상생활에서 자주 쓰이는 말들을 선택하였고, 낱말은 쉽게 기억하도록 최대한 그림과 함께 제시했다.
5. 문법 : 한국어의 기본 구조를 이해하는 수준으로 제시했고, 문장에 나온 문법은 단원의 뒤쪽에 표로 정리했다.
6. 음독 : 한글 읽기가 익숙해지기 전에도 회화가 가능하도록 태국어 발음 표기를 했고, 한글이 익숙해지는 뒷 단원으로 갈수록 태국어 음독을 줄였다.

어떤 내용을 담았나?

한국 문화를 알리는 내용, 실제로 수업시간에 해보았던 것, 반응이 좋고 효과가 있었던 내용을 담았다.

1. 안녕하십니까?

2. 이 사람은 누구입니까?

3. 이거 뭐예요?

4. 어떻게 가요?

5. 이 한복 어때요?

6. 얼마예요?

7. 여기가 어디예요?

8. 지금 뭐 해요?

9. 생일이 언제예요?

10. 어제 뭐 했어요?

문법은 어떤 기준으로 어떻게 적용했나?

아이들이 말을 배울 때 많이 듣고 따라하면서 자연스럽게 문법구조를 익히는 것처럼 올바른 예문을 자연스럽게 이해를 하는 것이 좋다고 생각했다. 그래서 기본적인 대화를 한 다음 그것이 어떤 규칙을 가지는지 뒤쪽에 최소한의 설명을 덧붙였다. 조사는 의미 전달에 무리가 없는 경우에는 가능한 한 뺐다.

하지만 우리말을 습득하는 데 있어서 동사의 기본형과 활용을 이해하는 것이 중요하다고 생각했다. 영어도 동사를 잘 쓸 수만 있어도 50% 이상 의사소통이 가능하다고 한다. 그래서 동사의 활용을 이해할 수 있도록 첫 단원부터 단계적으로 밟아나갔다.

그리고 처음 만나는 사람과 대화를 할 때는 '-ㅂ니다' 체가 더 자연스럽고, 문법을 설명하는 데 있어서도 '-요' 체보다 쉽기 때문에 두 번째 단원까지 다루었고, 세 번째 단원부터는 일반적으로 많이 쓰이는 '-요' 체로 바꾸었다.

특별히 다른 교재와 다른 점은 무엇인가?

나선형 반복학습 구조로 되어 있다는 것이다. 한 번 사용된 낱말이나 구문이 새로운 내용을 배우는 문장에 고리처럼 연결되어 여러 차례 반복되는 나선형 구조로 되어 있어서 학습자가 쉽게 받아들일 수 있게 했다.

선풍적인 인기를 끌었던 《Restart English》 책을 보면 아주 쉬운 낱말에서 시작해서 어려운 문장으로 나아가는 데 있어서, 문법에 대한 어떤 설명 없이 그림을 통한 단순하고 점진적인 패턴으로도 가능하다는 것을 보여 주는 것에 힌트를 얻었다.

어떻게 해서 공동교재를 만들게 되었나?

KOICA 태국 사무소 소장님이 적극적으로 제안하셨다.

일전에 소장님이 내 기관에 방문했을 때 내가 만든 교재를 보여 드렸더니 수정이 완료되는 대로 사무소에 비치하도록 달라고 하셨다. 그 뒤, 귀국 4개월을 앞두고 열린 업무평가회 때 보고하기 위해 가지고 갔을 때 함윤희 단원이 만든 교재와 협력사업으로 공동 교재를 만들어보라고 하셨다.

함윤희 단원의 교재와 처음에는 비슷하게 시작했지만 결과는 많이 달랐다. 나는 의사소통에 필요한 내용을 중심으로 연구를 했다면, 함 단원은 내용을 적게 잡고 재미있는 방식으로 접근을 했다. 함윤희 단원의 교재를 보니 서로의 장점을 잘 취합한다면 더 좋은 교재가 될 것 같았다. 후배들을 위해 공동작업 하는 것이 필요하다면 해야 하는 것이 나의 임무 같아서 작업을 해보자고 설득을 했다. 함 단원도 심사숙고 끝에 작업을 하기로 결정을 하고 본부 승인을 얻어서 시작이 된 것이다.

어떤 식으로 진행했나?

거주지가 너무 떨어져 있어서 함윤희 단원과 자주 만날 수가 없었다. 시간도 넉넉하지가 않았다. 작업할 시간이 두 달 정도밖에 되지 않아서 각자 한 파트씩 맡아서 작업을 한 뒤 가끔 만나서 조정을 하고 바쁠 때는 이메일로 주고받기로 했다.

그런데 버릴 것은 버리고 취할 것은 취해야 하기 때문에 마음을 비우는 일을 먼저 해야 했다. 하나하나 많은 고민을 해서 만들어 놓은 것이기 때문에 버리는 일이 쉽지 않았기 때문이다.

그래서 서로의 의견에 귀를 기울였다. 빼면 왜 빼야 하는지, 그래도 넣고 싶은 것은 왜 그런 것인지, 순서를 바꿀 것인지 말 것인지, 모든 것을 충분히 이야기를 한 후에 결정을 했다. 이것은 그간 쌓아온 신뢰가 있었기에 가능하지 않았나 싶다.

바라는 점이 있다면?

우리가 만든 공동교재가 부족한 점이 많다는 것을 안다. 하지만 KOICA 단원을 파견하기 시작한지 20년이 넘어가면서, 현장에는 많은 노하우들이 조각들로 존재하고 그것은 연속성을 가지고 있지 못한 경우가 많았다. 이번 작업이 최소한의 공통분모를 찾는 시발점이 될 것으로 생각했다.

KOICA로 파견되는 단원의 30% 이상이 교육 분야이며 한국어교육은 지속적으로 확대되는 추세라고 알고 있다. 무엇이든 처음이 어렵지 않은가. 용기를 내어 시작을 했으니 해를 거듭할수록 후배 단원들의 좋은 의견이 더해져서 요긴하게 사용되는 교재로 진화하기를 기대해 본다.

학교 행사 참석하기

입학식과 신입생 환영회

입학식 날, 나도 이곳에서는 새내기여서 마음이 살짝 들떴다.

식장에는 불교 국가답게 많은 스님들이 와 있었고 신입생들이 풋풋한 모습으로 줄을 지어 앉아 있었다. 태국에서는 대학생도 교복을 입는데 흰색 상의에 검은색 하의를 입고 있으니 옛날 우리 고등학교 입학식 같은 느낌이 들었다.

입학식은 우리나라와 비슷했다. 다만 스님들이 1시간 넘도록 불경을 외우고 학생들에게 축복과 당부의 말씀을 해주고, 학생들은 두 손을 모아 합장을 한 상태로 경청하는 것이 달랐다.

6월 한 달은 '납 넝(동생을 맞이함)'이라고 해서 신입생을 받아들이는 행사를 하는 기간이라고 한다. 전체가 모여서 하는 것은 물론이고 단대별로 과별로 모여서 신고식을 하다 보니 학교가 밤늦게까지 시끌벅적했다.

신입생 환영회에 가보니 학과별로 장기자랑을 했다. 옷을 요상하게 입은 학생들이 무대에 올라가 춤이면 춤, 노래면 노래를 하고, 끝나면 환호를 하면서 꽃다발을 주느라 야단이었다. 그 중 어떤 학생이 혼자 무대에 올라가서 섹시하게 춤을 추는데 뭔가 조금 색다르게 느껴졌다. 머리를 두 갈래로 얌전히 묶어 내리고 날씬한 몸매가 여학생 같기는 한데 가슴과 엉덩이가 작은 것이 남자일 것 같은 느낌이 들었다. 옆에 있는 사람에게 물어보니 그렇다고 했다. 그 댄서에게 학생들이 다른 팀보다 더 박수를 많이 보내고 재미있어 하는 분위기를 보며 태국에 있다는 실감을 했다.

한 달 내내 캠퍼스에서는 수업이 끝난 후는 물론이고 이른 아침부터 여기저기 모여 있는 모습이 보였다. 선후배 간의 관계가 돈독하기 위함이겠지만 내가 보기엔 선배가 신입생의 군기를 많이 잡는 것 같았다. 게임을 해서 벌을 받는 것은 예사고, 땅바닥에 꿇어앉아 있거나 얼굴을 박고 누워 있기도 하고, 고래고래 소리를 지르기도 한다. 어떤 팀은 굴처럼 만들어 놓고 엉금엉금 기어서 나오게 하거나, 얼굴과 몸에 밀가루를 허옇게 칠해서 기합을 받기도 하고, 엎드려서 물세례를 받기도 했다.

나는 좋은 구경거리다 싶어서 한참 보기도 하고 사진을 찍기도 했는데, 학생들이 싫어하지 않고 오히려 수줍어하면서 포즈를 취해 주었다.

스승의 날

스승의 날, 강당에서 행사를 한다며 참석하라고 했다.

01. 입학식 / 02. 03. 신입생 환영의식 / 04. 화환 드리기 / 05. 화환을 든 학생 / 06. 스승의 날 노래하기

자리 안내를 받아서 가니 필리핀에서 온 영어 강사가 먼저 와있었다. 짠타부리 캠퍼스에 외국인으로는 그와 나뿐인데 처음으로 만나는 자리였다. 40대 정도로 쾌활해 보이는 그는 태국에 온 지 2년 정도 되었다고 하면서 인사했다. 이방인끼리 의지가 될 것 같아 반가웠다. 총장과 부총장, 임원들이 자리에 앉자 행사가 시작되었다.

학생들이 만든 화관을 들고 국왕의 사진 앞에서 예를 취한 다음 단상에 앉아 있는 높은 분들에게 무릎을 꿇고 무릎걸음으로 차례대로 줄을 지어 들어왔다. 그리고는 자신의 앞에 있는 선생님에게 90도 인사를 한 다음 화관을 드렸다. 그 화관은 척 봐도 학생들이 아이디어를 내고 정성을 다해서 만든 것이었다. 너무나 각이 지고 경건한 분위기였다. 모든 학과 대표들이 나와서 똑같은 방식으로 하다 보니 시간이 한참 걸렸다. 총장의 말씀이 있고 나서, 학생 20명 정도가 앞에 나와 반 원 모양으로 선 뒤 노래를 불렀다. 아마도 '스승의 날'과 같은 노래이리라. 노래가 끝나고 우수 학생에게 장학금을 주는 시상식을 했다. 제법 많은 학생들이 줄을 서서 받았다.

모든 행사를 마치자 학생들이 만든 화관을 전시해 놓고 콘테스트를 했다. 단과대학 학장들이 심사를 해서 1, 2, 3등을 상을 준다고 했다.

오키드 심기

오키드(orchid)를 심는 행사를 한다고 했다.

01. 오키드 모종 심기 / 02. 행사 개회식

'난초를 심다니? 왜, 어디에, 어떻게 심지?'

어어는 방콕의 시나카린 위롯 대학교와 연합해서 치르는 행사라고 설명하면서, 학교 근처에 있는 키차쿳 국립공원에서 하니 같이 가자고 했다.

학생들이 국립공원 입구에 모여들자 오키드 모종을 나누어 주며 입장을 시켰다. 자그마한 오키드 모종은 무척 귀여웠다.

행사를 주최한 이 학교의 교수와 공원 측의 인사말이 있은 다음 모종을 심으러 조별로 흩어졌다. 오키드 모종을 잘 자라고 있는 큰 나무에 고리로 걸어 두는 것을 심는다고 했는데, 그렇게 해 놓으면 스스로 뿌리를 박고 잘 자란다고 했다. 나는 둥치가 굵은 나무의 중간에 꽃들이 피기에 이곳의 식물은 그런가 보다 했는데, 사람들이 그렇게 심은 것이었다. 우리나라는 기생식물에 대한 이미지가 좋지 않지만 이곳은 장려를 하는 것이었다. 어어에게 지주목에 해가 되지 않느냐고 했더니 원래의 나무는 크고 오키드는 아주 작은 것이기 때문에 '마이뻰라이(괜찮아요)'라고 했다.

'나무는 자신이 조금 나눈 것으로 아름다운 숲을 만든다는 사실을 알고 있을까?'

학생들은 오키드를 심을 만한 위치를 찾거나, 나무의 위쪽에 심기 위해서 사다리를 이용하기도 했다. 그 모습이 자못 진지하게 보였다.

나도 오키드를 심으려고 적당한 나무를 고르다가 연리지를 보았다. 처음에는 하나의 몸통에 두 종류의 나무가 자라고 있는 것을 보고 놀랐는데 가만히 보니 하나가 덩굴식물이었다. 어느 것이 원래의 나무이고 어느 것이 덩굴식물인지 구분이 안 될 정도로 비슷비슷하게 건강하게 뻗어나가고 있었다.

나는 오키드 모종을 찾기 쉬운 위치에 있는 나무에 걸어두었다. 내가 심은 오키드가 잘 자라서 지주목과 한 몸처럼 아름다운 모습이 되길 바라며 다시 볼 수 있기를 희망했다.

세미나 참석

Fulbright 태국-미국교육위원단에서 주최한 포럼에 같이 가자고 직원 체리가 권했다. 태국어가 짧아서 못 알아들을 텐데 가면 뭐하냐고 했더니, 아마도 영어로 진행을 많이 할 것이라고 하면서 재차 권했다. 영어라고 다 알아듣는 것은 아니지만 이곳에서는 어떻게 하는지 호기심이 발동해서 가겠다고 했다.

40대 여자 연설자가 태국 교육의 전반적인 문제를 거론하면서 변화가 필요하다고 열변을 토했다. 태국어와 영어를 섞어 가며 말하는데 어찌나 발음이 분명하고 재미있게 말하는지 대충 알아들을 수 있었다. 쉬는 시간을 가진 다음, 태국에 와서 학생을 가르치는 외국인과 공직에 몸담고 있는 외국인을 패널로 모셔 놓고 대담하는 형식으로 진행을 했다.

주제는 'Time to Explore the World First Things'와 'Making an Exchange the Never-ending Stories'였다. 그들의 이야기를 들으면서 생각했다,

'나는 태국에서 학생들을 가르치면서 태국 교육에 대해 어떤 생각을 하고 있나?'

'나는 어떤 선생님인가, 어떤 자세로 임해야 하는가?'

떠오르는 생각들을 메모했다. '최고의 학부인 대학에서 공부하는 학생들이 능동적으로 공부를 하도록 이끌자. 우선 왜 한국어를 배우는지, 무엇을 배우고 싶은지를 생각하게 하고 마칠 때 쯤 자신을 돌아보게 하자. 그리고 자기주도적으로 공부하도록 유도하고, 학생과 한국어로 소통하는 방법을 더 연구하자.'

오후에는 모둠별로 주제를 정해서 토론을 하고 자신의 의견을 포스트잇에다가 써서 붙여놓으면 모아서 발표했다. 내가 속한 조는 '10년 후에 태국의 교육이 어떤 모습으로 변할 것인가'였다.

태국이 중진국에서 벗어나지 못하는 가장 큰 원인이 후진국형 정치제도와 교육제도라고 한다. 많은 대학에서 참석하는 이런 포럼을 통해서 교육계에 변화의 물결이 퍼져 나간다면 태국도 상당한 발전을 이룰 수 있지 않을까 싶었다.

러이끄라통을 해보다

11월 28일부터 30일까지 3일간 '러이끄라통 축제' 기간이다.

우리에게는 추수한 곡식과 열매로 조상들에게 감사를 드리고 즐기는 추석 명절이 있다면, 이 나라에는 음력 10월 15일 전후에 우기가 끝난 것을 기뻐하면서 땅을 비옥하게 해준 비의 신에게 감사를 드리는 러이끄라통 축제가 있다. 축제 기간에 여러 행사를 준비하기도 하지만 주로 바나나 줄기와 잎으로 만든 '끄라통'에 마음속에 있는 고민과 고통을 담아 물에 띄워 보내면서 소원을 빌거나, 등처럼 생긴 '콤'이라는 것을 하늘로 띄워 보내며 축제를 즐긴다.

학교에서는 몇 주 전부터 축제를 준비한다고 부산스러웠다. 같은 사무실을 사용하는 루이와 꺼삐가 주도적으로 일을 진행하고 있었는데 나를 위해서도 뭔가 해주겠다고 해서 은근히 기대가 되었다.

축제가 시작되는 날, 사무실에 갔더니 루이가 바나나 잎과 줄기를 가지고 와서 '끄라통'을 만들자고 했다. 넓은 바나나 줄기를 배의 몸체로 삼아서 그 위에 바나나 잎으로 모양을 만들었다. 바나나 줄기의 폭이 그렇게 넓은 것도 처음 보았지만 바나나의 줄기가 그렇게 투명하고 반질반질하며 부드러운 줄 몰랐다. 바나나 잎을 작게 오리고 접은 것을 하나씩 핀으로 고정해서 만드는데 처음 해보는 것이어서 무척 흥미로웠다.

루이가 바쁜 일이 생겨서 하는 방법을 가르쳐 주고 가버리자, 꺼삐가 와서 보고는 받침인 바나나 줄기가 너무 커서 물에 안 뜰 거라며 다시 했다. 역시 꺼삐가 재주꾼이었다. 뚝딱뚝딱해서 새 모양의 끄라통

을 만들었다. 새의 등에 꽃과 초를 얹으니 환하게 아름다웠다,

꺼삐는 홍보실에 비치해 둔 태국 전통 의상을 내주며 입어보라고 했다. 화려한 옷을 받아드니 어린아이가 설빔을 받은 것처럼 설레었다.

"어떻게 입는 거야?"

꺼삐가 입는 방법을 가르쳐 주고 매무새까지 잡아 주었다. 치마가 아가씨용이어서 안 맞으면 어쩌나 했는데 딱 맞았다. 이제 진짜 태국 사람이 된 듯했다. 꺼삐가 만들어준 끄라통을 들고 사진을 찍었다. 휴대폰으로 찍어서 남편에게 보내고 카톡에도 올려서 자랑했다.

저녁 6시부터 공식 행사가 시작되고 러이끄라통은 밤 9시에 한다고 해서 집에서 잠시 쉬었다가 나갔더니 벌써 '미스 러이끄라통'을 뽑는 쇼가 한창이었다.

화려한 태국 전통의상을 입고 무대에 있는 아가씨들이 아주 예뻤다. 조금 뒤 아이들이 무대에 올라와 춤을 추고 아가씨들도 한 명씩 춤을 추었다. 태국의 전통 춤이 그렇게 다양한 줄 몰랐다. 나도 흥겨워 따라서 춰보기도 했다.

01. 까터이 선발대회 / 02. 코워커 나티와 함께 러이끄라통

행사의 하이라이트, '카터이 쇼'는 제일 나중에 했다.

카터이 쇼가 시작되기 전에 코워커 나티와 같이 연못에 가서 러이끄라통을 했다. 근심, 걱정을 담아서 물에 띄어 보내면 행복이 온다고 믿는 행사에 동참한 것이다. 지금보다 더 많이 행복해질 것 같은 느낌이 들었다.

카터이쇼는 정말 요란했다. 예쁘고 멋진 것은 기본이고 각자 장기를 뽐내는데 정말 재주꾼들이었다. 어떤 카터이는 예쁘게 입고도 〈강남스타일〉 춤을 아주 신나게 잘 추었다. 10시 반이 되었는데도 끝나지 않아서 먼저 들어왔는데 밤새도록 계속될 분위기였다.

학교 축제 끄라세 페어

이 학교에서는 12월 1일부터 9일까지 '끄라세 페어(Agriculture Fair)'라고 해서 큰 축제가 열린다. 한 달 전부터 학교 안팎에 포스터를 붙이고, 학교 안 시계탑 앞 큰 도로를 따라 부스를 만드느라 부산하다.

축제 기간이 다가오면 농업 축제답게 온갖 나무의 묘목과 꽃들이 부스에 꽉 차게 실어 나른다. 이렇게 많은 식물들이 있나 싶을 정도로 과실수, 조경수, 오키드, 연꽃들이 많고 사람들도 엄청나게 와서 사가지고 간다. 이 지역에서는 제법 전통을 자랑하는 축제로 알려져 있는 것 같았다.

식물만 있는 것이 아니었다. 교문으로 들어오는 길에는 올망졸망 통

안에 강아지, 이구아나, 새들을 파는 곳도 있고 시장도 열렸다. 축제 기간 동안 내가 사고 싶은 것은 뭐든지 다 있다고 코워커가 말을 하더니 온갖 먹거리와 잡동사니가 다 있었다.

이 행사에서 무엇보다도 중요한 것은 이 학교 학생들이 만든 제품을 알리고 파는 일 같았다. 기술대학이기 때문에 농축산물로 만든 와인, 주스, 소시지, 비누 따위가 중심 코너에 배치되어 홍보하느라 열을 올렸다.

코워커 나티와 같이 다니면서 학생들이 파는 와인과 주스를 맛보며 사주기도 하고, 기금을 만들기 위해 만들어 파는 음식들을 사서 먹기도 했다. 가격이 저렴하고 맛이 괜찮아서 산 것도 있지만 아는 학생들이 '선생님~' 하면서 애교를 떨어서 산 것도 많았다.

재미있게 놀 수 있는 것도 여기저기 만들어 놓았는데 특히 풍선을 던져서 사람을 맞추면 물에 빠지게 하는 게 인기였다. 밤에는 학생들이 주관하는 콘서트도 열려서 이것저것 구경할 것이 많았다.

이 축제 기간에 김치 만드는 시연을 해줄 수 있느냐는 제안을 받았다. 아짠 다가 와서 조심스럽게 이야기하기에 흔쾌히 수락했다. 축제의 일원이 되는 기회인데 마다할 이유가 없었다. 김밥도 해서 같이 맛을 보이면 좋을 것 같았다.

내가 가르치는 학생들에게 협조할 사람 손들라고 하니 10명 정도가 시간을 내겠다고 했다. 평소에 가깝게 지내던 동기 단원 두 명도 김치 만드는 방법을 배울 겸 돕겠다고 했다.

그런데 문제가 발생했다. 새벽시장을 보러 가기로 약속을 한 직원이 배가 아프다면서 5시에 시장에 가기로 한 것을 9시에 가자고 전화가 왔다. 그렇게 되면 준비할 시간이 부족해서 난감했다. 전날 미리 장을 봤어야 했다. 코워커가 로터스에 같이 가주겠다고 하는 걸 그 직원이 새벽시장이 훨씬 낫다고 걱정 말라고 해서 그러자고 했는데 후회가 막심했다.

너무 이른 시간이어서 다른 사람에게 부탁할 수도 없어서 한 시간 정도 뒤에 상황을 봐서 결정하자고 했더니, 아픈 걸 참고 그냥 가보겠다고 했다. 밤에 많이 아팠는데 견딜 만하다고 했다. 걱정이 되어 쉬라고 하고 싶었지만 예정된 행사를 망칠 수가 없어서 염려스러운 마음을 안고 만났다. 생각보다 괜찮아 보였다. 그래서 무사히 장을 볼 수 있었지만 놀란 가슴을 쓸어내리며 어떤 변수가 생길지 모른다는 생각에 바짝 긴장이 되었다.

바쁘게 손을 움직여 오전에 김치 양념을 준비를 해두었고, 오후에 김치를 버무리고 김밥을 만들었다. 마음을 모아 일을 하니 척척 잘되었다. 적지 않은 양을 하는데도 순조롭게 되어서 다행이었다.

다솔과 진희 단원은 학생들이 너무 착하다는 말을 몇 번이나 했다. 내가 우스갯소리를 했다.

"선생님이 착하니 학생도 착하지~."

내가 학생들에게 잘해 주려고 애쓰는 것을 아는지 학생들도 적극적으로 나를 도왔다. 서로 돕는 친구가 되자고 했는데 정말 그런 느낌이었다.

01. 축제에 온 주민들 / 02. 주민을 안내하는 셔틀 버스 / 03. 동물도 참가한 축제
04. 공연을 마친 무용단과 한 컷 / 05. 김치 만들기 시연

김치 만들기 시연을 할 시간이 다 되었을 때 한복으로 갈아입었다. 재료들을 정해진 부스에 옮겨 놓고 5시에 시연을 시작했다.

김치 시연을 기획한 아짠 다가 홍보를 한 덕분에 사람들이 제법 모였고, 지나가던 사람들도 합세해서 고개를 빼고 쳐다보았다. 구경하러 온 사람들이 대부분 어른들이지만 초등학생들도 와서 흥미롭게 보았다. 그래서 더 신나게 진행할 수 있었다. 속 만드는 것을 차례대로 보여주고 절여 놓은 배추에 버무리는 것을 보여 주었다. 내가 태국어로 간단하게 설명하고 옆에서 학생 대표가 보충 설명을 해주었다. 진행하는 도중에 고춧가루가 맵지 않느냐, 찹쌀 풀은 왜 넣느냐, 새우젓을 꼭 넣어야 하느냐고 묻기에 고춧가루를 직접 맛보게 해주었고, 찹쌀 풀은 유산균이 생기라고 넣는 것이며, 새우젓이 없으면 태국에 있는 멸치젓만 넣어도 된다고 설명해 주었다.

시연이 끝나고 김치와 김밥 시식 시간이 되니 불티나게 나갔다. 김치를 금방 만든 것과 약간 익은 것 두 가지를 맛보게 하면서 김밥을 곁들인 것은 잘한 것 같았다.

이번 행사를 기획한 아짠 다가 옆에서 보고는 아주 흡족해서 자기가 할 수 있는 지원을 아끼지 않았다. 부총장인 아짠 콤드언도 와서 시식을 했다.

행사가 다 끝나고 학생들에게 김치를 한 포기씩 싸주고, 김밥도 나누어 주었다. 역시 음식은 푸짐하게 해서 나누어 주어야 맛이다.

김치 시연을 하면서 한국의 풍물도 보여줄 수 있으면 좋겠다 싶어 미리 알아보았다. 그런데 방콕에 활동하는 동아리가 하나 있기는 하나, 최근 일이 년 사이에 사람들이 빠져나가 공연이 불가능하다고 했다.

차선책으로 한창 인기 있는 〈강남스타일〉 춤을 추는 것이 좋을 것 같아 내가 가르치는 학생들에게 해보자고 했더니 일곱 명이 연습하러 왔다.

춤추는 동작을 찬찬히 가르쳐주는 동영상을 찾아서 학생들에게 보여 주고 연습을 같이했다. 그런데 김치 시연하는 날이 당겨지면서 연습할 시간이 부족해 불발로 끝나고 말았다. 정말 아쉬웠다.

왕실 주최 행사에 참가하다

농업단과대학에서 주민을 초청해서 건강과 음식에 대한 교육을 하고 음식 만들기 실습을 한다며 나에게도 관심 있으면 가보라고 나티가 말했다. 평소에 안면이 있는 교수가 강의하는 것이라 그러 마 했다.

오전에 강의를 듣고, 오후에 실습을 했다. 실습 전에 학교에 있는 시설물에 대해서 설명을 들은 뒤, 몇 가지 요리를 주민들과 어울려 같이 했다. 그러다 보니 주민들과 친해졌는데, 그들이 김치 만드는 것을 배우고 싶다고 요청했다. 나는 기회만 되면 얼마든지 가르쳐 주겠다고 하고 나티에게 주민들의 의견을 말했다.

학과장을 맡고 있는 나티는 기획해서 진행해 보겠다고 하더니 예산이 부족해서 안 되겠다고 하면서 그 대신에 왕실에서 주관하는 행사를 도와 달라고 했다. 전국 50개 이상의 대학에서 참가하는 행사로 각 대학에서 2개 이상의 창작물을 만들어 시연을 하고 평가를 받는데 비용은 왕실에서 지원한다고 했다.

나티는 태국에서 나는 붉은 쌀로 김밥을 만들자고 했다. 태국 재료와 한국의 재료가 만난 퓨전 음식인 셈이다. 나는 가능하다고 했다.

그런데 나티가 준비한 붉은 쌀로 밥을 해본 적이 없어서 행사에 앞서 시범적으로 해보고 싶다고 쌀을 조금 달라고 했다. 나티는 그 쌀이 찰기가 없는 멥쌀이라고 했는데 밥을 해보니 찰기가 많은 찹쌀이었다. 하마터면 찹쌀로 김밥을 만들어야 하는 상황이 될 뻔했다. 나는 찹쌀과 멥쌀을 적절히 섞어서 준비하고 다른 준비물도 재차 점검했다.

행사는 깐짜나부리에 있는 수력발전소 근처의 공원에서 했다. 행사 기간은 2박 3일이었고 그곳을 찾아온 사람은 엄청나게 많았다.

01. 총장님(가운데) 참석한 중요한 행사

02. 빨간색 김밥이에요

03. 맛보실래요?

정해진 부스에 가서 짐들을 풀어놓고 재료를 준비하려는데 물을 사용할 수 없다고 했다. 행사장에는 아무 것도 없다는 말을 들어서 솥이며 팬이며 필요한 것들을 다 가지고 오기는 했어도 상수도 시설까지 안 되어 있는 줄은 몰랐다. 나티도 처음 와본 행사여서 몰랐다고 했다.

분위기는 어찌나 엄숙하고 무거운지. 쌀을 씻어야 한다고 하니 그냥 물을 부어 밥을 하라고 했다. 그래도 그럴 수는 없었다. 화장실에 세면대가 있으면 물을 사용할 수 있을 것 같아 확인해 보니 가능했다. 그래서 밥솥을 천으로 덮어서 쌀을 씻어 오고 나서, 다른 것은 눈치 봐가며 씻어 오라고 시켰다.

행사 오픈을 위해 왕실에서 공주가 도착할 때가 되자 관계자 외에는 모두 행사장 밖으로 나가게 했다. 그리고는 공주가 왔다는 신호가 전해지자 모두 자리에 앉으라고 했다. 차를 타고 순회하면서 손을 흔드는 공주는 왕을 대신하여 활발하게 일을 하며 사람들에게 믿음을 얻고 있는 둘째 공주였다. 사진에서 보는 것보다 예쁘고 인상이 좋았다.

김밥의 인기는 정말 좋았다. 누구나 거부감 없이 먹을 만한 메뉴여서 그런지 김밥 싸기가 무섭게 다 나갔다. 맛을 본 사람들은 모두 맛있다고 하고 평가단도 긍정적인 반응을 보였다. 김치를 알맞게 익혀서 가져갔더니 김치도 잘 먹었다.

오전에 재료를 다 소진해서 오후에는 다른 학교에서 나온 부스에 구경을 다녔다. 식물 연구를 해서 만든 개량종, 식물에서 추출해서 만든 오일이나 비누, 음식이나 음료수, 동물, 조경에 대한 것도 많았다. 일 년에 한 번씩 창의력 개발을 도모하는 이런 행사가 있어서 태국에 그토록 다양한 음식과 문화가 있는 것이 아닌가 싶었다. 아무튼 학교에서 공식적으로 참가하는 행사에 주요한 파트너 역할을 한 것이 뿌듯했다.

대학교 졸업식

태국의 대학교 졸업식은 좀 특이하다. 졸업식 날이 왕실 일정에 의해 정해진다. 왜냐하면 왕실의 공주가 졸업식에 참석해서 일일이 졸업장을 주기 때문이다. 따라서 학교마다 졸업식 날이 다르고, 졸업하고 일 년 쯤 지나서 졸업식을 하러 학교에 가는 진풍경도 벌어진다. 졸업식을 위해서 3일 이상 연습을 하며, 졸업식은 아주 엄숙하게 진행된다고 한다. 또한 졸업식에 아무나 참석할 수 있는 것이 아니며, 식이 시작하기 몇 시간 전부터 끝날 때까지 화장실도 못 간다는 말을 들었다.

나티에게 그것에 대해 태국 사람들이 어떻게 생각하느냐고 물어보니 왕실과

01. 단대별로 만든 조형물 앞에서 기념촬영

02. 화관을 쓰기도 함

03. 졸업하는 태국력이 쓰인 번호판

일대일로 만날 수 있는 기회가 그 때밖에 없기 때문에 의미 있는 절차라고 받아들인다고 했다.

나는 그 졸업식에 참석하지 못했는데 그 이유는 라차몽콘 이름을 가진 9개 대학이 방콕에서 한꺼번에 하기 때문이었다.

대신에 졸업식 이전에 각 캠퍼스에서 예비 졸업식을 하며 졸업 분위기를 내는 것을 보았다. 정식 졸업식을 하는 날에는 자유롭게 선물을 주고받으며 사진을 찍을 수가 없기 때문이라고 했다.

예비 졸업식 날, 꽃을 파는 사람들이 학교 근처에 장사진을 치는 것은 우리와 별로 다르지 않다. 그런데 특이한 것은 커다란 인형과 자동차 번호판 모양에 '졸업 2013'이라고 쓴 것을 팔았다.

어스름해 지고 퇴근할 무렵 나가 보니 예행연습은 끝이 나고 학부별로, 학과별로 모여서 예쁘고 재미있게 세팅을 해놓은 곳에서 삼삼오오 모여서 사진을 찍었다. 가까이 가서 보니 가족과 친구들이 와서 축하하는 축제 분위기였고, 졸업하는 여학생들은 한껏 멋을 내고 화관을 쓰기도 했다.

구경하러 다니며 재미있어 보이는 장면을 카메라에 담다가 나에게 수업을 받는 학생을 만났다. 그 학생의 언니가 졸업하는데 사진을 같이 찍고 싶다고 해서 포즈를 취해 주었다.

"김치…"

4 장

어울려 살기

친숙해지기

〈아리랑〉을 노래하다

학교 직원과 관리자들이 1박 2일 세미나를 하는데 같이 가자고 했다. 직원들과 친해질 수 있는 기회이기도 하고 바닷가에 간다고 해서 내심 기뻤다. 유명한 짠따부리의 짜우라우 해변으로 간다고 했다.

아침 일찍 출발을 해서 가는 중간에 시장에 들러 요기할 것을 샀다. 빠똥꼬라는 작은 도너츠와 방금 만든 따끈한 두유를 먹으며 차에 같이 탄 사람들과 이야기를 하면서 얼굴을 익혔다.

9시에 세미나가 시작되었다. 행정실장인 아짠 펌롱이 인사말을 하면서 나를 소개 한 뒤, 조를 짜서 무엇인가를 하는데 나는 알 수가 없는 이야기들이었다.

쉬는 시간이 되자 방을 안내해 주며 쉬라고 했다. 그래서 바닷가로 갔다. 고운 모래 해변이 아주 넓고 끝이 보이지 않았다. 파도가 잔잔하게 몰려오고 바람도 시원하게 불었다. 속이 확 트였다. 평일이라 사람도 없었다. 너무 좋았다. 바닷가를 천천히 거닐면서 망중한을 즐겼다.

얼마만의 휴식인가!

걷다가 나무 아래 있는 해먹을 발견했다. 해먹에서 솔솔 부는 바닷바람을 맞으며 세상에서 제일 편한 자세로 있으니 파라다이스에 온 느낌이었다.

점심 식사 후 세미나를 계속하던 교직원들이 4시부터 6시까지 바닷가에서 논다고 했다. 그때 나도 그들과 어울렸다. 엎드려 있는 아가씨 위에 모래를 얹기도 하고, 물에 안 들어가려는 사람들을 물에 빠트리거나, 파도타기를 하면서 신나게 놀았다.

저녁 식사 후에도 밤늦게까지 세미나는 이어졌고 다음 날도 오후까지 계속되었다.

나는 또 바닷가에서 시간을 보냈다. 이게 웬 휴식이며 호강인가 싶었다. 바닷가를 거닐며 노래를 흥얼거리다가 문득 직원들을 위해 한국 노래를 들려주면 어떨까 싶었다. 코워커 쑥에게 살짝 말하니 가능한지 물어보겠다고 했다. 점심 식사가 끝나자 코워커가 나를 찾았다.

"내가 노래를 잘해서 여기에 선 것이 아니라 혼자만 일을 하지 않고 노는 것이 미안해서 그러니 편안한 마음으로 들어주었으면 좋겠어요."

가곡 교실에서 무대에 서 본 경험이 있지만 자청해서 여러 사람 앞에서 노래 부른 적은 없었다. 잘 부르는 것보다 한국 노래를 직접 들려준다는 데 의미를 두고 〈신아리랑〉을 부르기 시작했다. 좌중의 시선이 집중되었다. 긴장해서 노래를 시작했는데 호기심 어린 표정과 눈빛이 놀라는 표정으로 바뀌었다. 노래를 부르는 동안 여기저기서 사진을 찍고 노래가 끝나자 우레와 같은 박수를 쳐주었다. 기대한 것보다 잘한다고 생각하는 것 같았다.

한 곡을 더 하라고 해서 〈어메이징 그레이스〉를 했다. 이번에는 동영상을 촬영하는 사람도 있었다. 일을 그만 둔 뒤 발성법을 배워 사람들 앞에서 독창을 해본 경험이 많은 도움이 되었다. 그런 경험이 없었다면 절대 시도할 수 없는 일이었다.

그날 이후 짠타부리 캠퍼스에 내 존재가 확실히 알려졌다. 교직원들은 나를 〈아리랑〉과 함께 기억하며 〈아리랑〉을 화제로 삼았다. 이미 알고 있었다며 말을 걸기도 하고, 노래를 가르쳐 줄 수 있느냐고 부탁하기도 했다. 그래서 학생들에게 주려고 만든 악보를 나누어 주면서 같이 부르기도 했다. (캄보디아에서 교환학생 교류를 위해 모 대학교 총장이 왔을 때 파티에 초대되어 노래를 부르기도 했다.)

내 이름은 '말리'

짠타부리 캠퍼스에 한국인이라고는 눈 씻고 찾아봐도 보이지 않는 시골이다 보니 한국어를 가르치는 선생님이 왔다는 소문이 학생들 사이에 금방 퍼진 듯했다. 아직 방학 중이어서 학생들이 별로 없지만 만나는 학생마다 밝은 웃음으로 반갑게 맞아 주었고 수줍은 표정으로 한마디씩 건넸다.

아이돌 스타 누구를 좋아한다며, 아느냐고 묻기도 하고, 한국 드라마를 많이 본다고 하면서 한국의 여름이 태국만큼 더운지, 추우면 얼마나 추운지, 눈이 그렇게 많이 오는지 궁금해 했다. 태국에서는 눈을 볼

01. 왓프라깨우 앞에서 아이가 팔고 있는 말리 꽃 / 02. 시장에서 서민들이 자주 사서 바치는 말리 꽃

수 없으니 눈에 대한 환상이 있는 것 같았다. 한국 음식을 먹어보고 싶다고 하면서 김치가 정말 맛있느냐고 묻기도 했다.

일부 여학생은 어떤 화장품을 쓰느냐고 하면서 나이를 묻기도 했는데 내 나이를 가르쳐 주면 믿기지 않는다는 표정이었다. 그들에게 내 일거수일투족이 관심 대상이었다. 그래서 평소에는 바르지 않는 매니큐어까지 바르고 다니며 멋을 냈다.

나는 학생들에게 더 다가가기 위해서 태국 이름[1]을 갖고 싶었다. 그래서 학교 카페에서 일하는 여학생들에게 내 이미지에 맞는 닉네임을 지어 달라고 했다. 짠타부리에서는 꽃의 이름으로 닉네임을 정하는 전통이 있다고 하면서 두세 개의 꽃 이름을 제시했다. '말리'가 괜찮은 것 같았다. 작고 흰 꽃으로 '어머니' 혹은 '여왕'의 의미를 가지고 있으며, 꽃이 예쁘고 향이 좋아서 부처님께 올린다고 했다. 그 이름이 듣기에도

1) 태국인들의 이름은 산스크리트어에서 온 경우가 많아서 본명이 매우 길다. 그래서 이름을 줄여서 부르거나 부르기 쉬운 별명을 거의 갖고 있다. 그 별명은 천하고 좋지 않은 뜻이 많은데 나쁜 귀신들의 주의를 끌지 않기 위해서이다.

01. 곤충들을 튀겨 파는 상인 / 02. 현지인이 이용하는 시장

좋았다. '말리'에 '리'를 올리면서 소리 내는데 경쾌하게 들렸다. 그 후 나는 태국 이름이 '말리'라고 하면서 자신을 소개했다.

그래도 사람들은 거의 '아짠 킴' 혹은 '쿤 킴(Mrs. Kim)이라고 부르고, 학생들은 '선생님'이라고 불렀다.

시장 놀러가기

짠타부리에서는 화요일과 금요일에 우리나라 5일장처럼 큰 장이 선다.

아주 넓은 공터에 각자 가판대를 만들어서 물건을 팔고, 동네 사람들은 자동차와 오토바이를 끌고 나와 장을 보느라 온 동네가 시끌벅적하다. 각자 농사지은 채소며 과일들, 물고기 잡은 것, 들에서 잡은 벌레 튀김까지 종류가 엄청나게 많다.

눈길을 가장 많이 끈 것은 열대과일이다. 투리안, 망고스틴, 람부탄,

람야이 따위들을 쌓아 놓고 파는데 가격이 정말 착하다. 제철에는 대부분 1kg에 20밧~30밧(천 원)정도로, 한국에서는 1개에 천 원 하는 망고스틴을 15개~20개나 준다. 어떤 과일이든 부담 없이 실컷 먹을 수 있다.

야채도 없는 게 없다. 배추, 무, 표고버섯, 양파, 감자, 고구마, 당근, 생강, 부추, 그리고 시금치까지 있어서 웬만한 한국 음식은 해 먹을 수 있다.

닭고기, 돼지고기, 소고기도 잡은 지 얼마 안 되는 신선한 것을 좌판에 놓고 판다. 소고기는 우리 것보다 맛이 훨씬 못하지만, 돼지고기는 국을 끓여 먹을 수 있을 정도로 맛있다. 닭고기도 노란 물을 들여서 통으로 파는 것부터 부위별로 파는 것까지 다양한데 맛도 그만이다.

무엇보다도 재미있는 것은 만들어 파는 음식이다. 한끼 식사가 되는 것부터 간식이 되는 과자류까지 바로바로 만들어 파는데 즉석에서 기름에 튀기거나 숯불에 구운 생선과 고기류는 정말 맛있다.

그런데 시장이 집에서 멀어서 자전거를 타고 갈 수 없었다. 대중교통을 이용할 수 있는 상황도 아니었다. 시장에 가는 차편은 한 시간에 한 대씩 시간이 정해져 있지만 돌아오는 시간은 들쭉날쭉 했다. 장을 보고 무작정 기다릴 수 없으니 혼자 간다고 엄두를 내기 힘들었다. 그래서 홈스테이를 하는 아짠 앳이 시장에 간다고 하면 따라붙었다.

학생들과 놀기

퇴근을 하면 혼자 있는 시간이 좀 허전했다. 앳은 매일 늦게 들어왔다. 그래서 저녁을 먹고 나서 자전거를 타거나 산책을 했다. 폭포가 있는 국립공원 방향으로 한 바퀴 돌기도 하고 캠퍼스를 둘러보면서 학생들이 몇 명씩 모여서 운동을 하는 것을 보기도 하고 운동하러 나온 직원들과 만나서 담소를 나누기도 했다.

그러던 어느 날, 본관 가는 길에 있는 탁구장을 발견했다. 탁구대가 6개나 있었고 학생들이 제법 많았다. 관리를 맡은 남학생과 여학생이 인사를 하며 안내했다. 학생들이 입장하는데 7밧(약 280원)씩 받고 있었다. 지갑을 가지고 있지 않아서 돈이 없다고 하니 "아짠은 피셋(특별함)" 특별히 무료라고 했다. 나도 돈을 받지 않는 아사사막(봉사자)이라고 했더니 웃었다.

조금 기다리자 관리를 하는 남학생인 낫이 같이 치자고 했다. 오랜만에 라켓을 잡으니 공이 잘 안 맞아서 웃겼다. 낫이 공을 포핸드로 계속 넘겨주어 좀 나아졌다. 이삼십 분을 했는데 땀이 비 오듯 흘렀다. 몸이 가뿐하니 기분이 좋았다.

이 학교의 몇몇 학생은 탁구를 정말 잘 쳤다. 친선 대회에 선수로 나가는 학생들이었다. 그런 학생들이 착해서 같이 잘 쳐주었다. 포핸드가 자리 잡히자 백핸드를 연습했고 스매싱까지 손가락의 껍질이 벗겨지는 줄도 모르고 쳤다. 그래서 얼마 지나지 않아 공격이 가능해졌고 복식을 즐길 수 있을 정도가 되었다. 복식이 혼자 할 때보다 훨씬 재미있고, 몸을 더 많이 움직여야 해서 운동이 더 되는 것 같았다.

01. 탁구장 관리 학생
02. 빠떵놀이 점수판 앞의 학생

수업 마치고 탁구 치러 가는 것이 큰 즐거움이 되었고 일반 학생들과 부대끼는 것이 좋았다.

그러던 어느 날, 학생들이 많아서 구경하다가 관리하는 여학생인 땡에게 한글을 가르쳐 주기 시작했다. 삼십 분 정도 해서 자신의 이름인 '땡'을 쓰고 읽을 수 있으니 너무 신기해했다. 평소에 한국어를 한마디씩 가르쳐 주면 금방 잊어버렸다고 머쓱해 했는데 한글을 읽을 수 있으니 좋은 모양이었다.

런 땡에게 《한국어 재미있어요》 자료를 가져다주니 조금씩 읽을 수 있어서 즐거워하고, 거기에 나오는 말을 사용해 보려고 했다. 한국어를 가르치는 또 다른 방법이었다.

하루는 폭포가 있는 국립공원에 갖다 오는데 여학생 기숙사 경비실 뒤에서 '빠떵 놀이'를 하는 것을 보았다. 이전에 어어에게 물어보니 야구공만 한 쇠구슬을 던져서 하는 놀이라 어어는 쇠구슬이 무거워서 잘 못한다고 했다.

그 놀이를 하는 것을 보고 반사적으로 자전거를 세웠다. 남자 한 명과 여학생 한 명이 하는 것을 보다가 나도 해보고 싶다고 조심스럽게 말했다. 여학생이 해보라고 수줍게 말했다.

처음에는 경비를 보는 한 남자와 내가 둘이 하면서 하는 방법을 익혔다. 쇠구슬을 던지거나 굴려서 하는 것인데 구슬치기와 볼링을 섞어 놓은 듯한 게임이었다.

왕년에 구슬치기를 해본 솜씨와 볼링하던 솜씨가 있어서 찍어 보내는 것과 굴려 보내는 것이 어렵지 않았다. 처음 하는 사람이 잘한다고 칭찬하면서 여학생들이 더 공격적으로 했다.

크게 운동이 되겠나 싶었는데 땀이 줄줄 흘렀다. 게임을 하면서 그네들과 같이 웃고 이야기를 나누니 정말 재미있었다. 아짠과 같이 게임을 한다는 것이 여학생들은 좋은 모양이었다. 내가 스코어 계산을 할 때 우리말로 '하나, 둘, 셋' 하고 세니 따라서 했다. 그러더니 금방 외웠다.

촌부리 캠퍼스에 오니 체육 활동을 할 수 있는 시설들이 많았다. 수업이 끝나는 네다섯 시가 되면 야외 여기저기에서 운동하느라 학교가 시끌벅적했다. 테니스장에도 사람들이 제법 있어서 구미가 당겼지만 무릎이 좋지 않아 자제했다.

체육관에서는 배드민턴과 배구를 하는 팀들이 있었는데 실력이 수준급이었다. 특히 70세인 총장이 가끔 젊은 학생들과 배드민턴 시합을 했는데 몸이 아주 날렵했다. 거기서 총장과 자연스럽게 만나서 인사를 나누고 친숙해 질 수 있었다.

탁구대는 딱 한 대가 있었다. 같이 칠 사람이 없으면 탁구를 할 수 없고, 사람이 많으면 기다려야 했다. 짠타부리에 비하면 턱없이 부족했지만 탁구를 통해 학생들과 친숙했고 거기에서 랏다도 만났다.

느긋하게 살기

더운 지방에 사는 사람들이 날씨 때문에 늘어져서 성격이 느긋하다고 한다. 살아 보니 그런 것 같다.

시골은 도시보다 날씨의 영향을 지대하게 받는다. 우기 동안 비가 쏟아지면 모든 것이 중단된다. 워낙 비가 많이 오기 때문이기도 하지만 서민의 교통수단이 오토바이나 썽태우가 대부분인 까닭이다. 비가 그칠 때까지 기다려야만 하는데 비가 언제 올지 모르고 6개월간 수시로 쏟아진다. 그래서 행사가 취소되거나 연기되는 경우가 많다. 우기가 아닐 때는 낮에 너무 덥기 때문에 활동하기가 힘들다. 이런 날씨와 환경의 제약 때문에 시간을 좀 지키지 않아도 쉽게 양해가 되지 않았나 싶다.

'되는 것도 없고 안 되는 것도 없는 곳이 태국'이라는 말이 있다.

우리의 '빨리빨리' 문화와는 달리 너무 느려서 안 될 것 같은데 시간을 두고 하다 보면 결국 된다는 말일 게다. 우리의 상식으로는 이해가 안 되는 경우도 많지만, 왜 그렇게 급하게 해야 하는지 되물을 때는 할 말이 없을 때도 있다.

현지인들이 가는 식당에 가면 만들어 놓고 파는 음식이 있기는 하지만 대부분 음식을 주문하는 대로 한 사람씩 만들어 주는 음식이 많다. 기온이 높아서 음식이 잘 상하기 때문에 그런 것 같은데 그걸 감안해서 식사 시간을 정해야 한다.

태국에는 시외버스터미널에서 운행하는 버스보다 '롯뚜'라는 미니밴으로 이동하는 것이 일반화되어 있다. 롯뚜는 사람이 꽉 차는 대로 출발하는데 사람들이 많이 이용하는 노선은 배차 간격이 얼마 안 되지만, 그렇지 않은 경우는 오래 기다릴 때도 있다. 국토가 우리보다 5배나 넓고 인구는 얼마 안 되니 경제적으로 운행하는 방법이 필요했을 것이다. 그래서 그럴 수밖에 없을 것이라고 인정하고 시간을 정해야 한다. 무조건 우리의 잣대로 재서 폄하하면 안 되는 무엇이 있다.

불교문화 익숙해지기

태국은 불교 국가로 전 국민의 95% 이상이 불교 신자이다. 왕은 불교의 수호자로 타이 사회의 구심점이 되고 있고, 스님은 살아 있는 존재 중에서 가장 신성하게 여겨 존경과 흠숭을 한 몸에 받고 있다. 학교에서 중요한 행사가 있으면 항상 스님들을 모셔 놓고 진행을 하고, 일 년에 한 번은 총장을 비롯하여 전교직원이 절에 가서 탐분(시주)하는 행사를 한다. 이런 공식적인 경우가 아니라도 스님들을 생활 속에서 자주 접할 수 있다.

방콕에서 아침 시장에 갔을 때, 탁발 나온 스님들을 많이 만났다. 신자들이 바치는 시주는 탐분이라고 해서 신자들에게 공덕을 쌓는 기회를 주는 것이라 여기기 때문에 정성껏 밥과 반찬, 떡, 음료수, 꽃들을 바쳤다. 그리 크지 않은 시장에 10명이 넘는 스님들이 나왔는데도 시주들의 행렬이 끊이지 않고, 너무나 정성껏 예를 갖춰서 경건한 느낌마저 들었다.

탁발 나온 스님을 만날 수 있는 곳이 시장만이 아니다. 아침에 산책을 나가 보면, 동네를 지나가는 스님에게 시주하기 위해 기다리는 주민들을 자주 볼 수 있었다. 문득 우리 신라 시대나 고려 시대에도 이런 모습으로 살지 않았을까 하는 생각이 들었다.

한번은 시장 가는 길에 스님 복장을 한 초등학생들을 보았다. 태국에서는 남자들이 의무적으로 일정 기간 동안 절에 가서 공부해야 한다고 하는데 맨발로 도로를 행진하여 시장까지 와서 탁발하는 모습이 신선해 보였다. 어릴 때부터 부처님의 말씀을 몸소 체험해 보는 것이 큰 욕심 부리지 않고 살아가는 국민성을 기르는 데 일조하는 것이 아닌가 싶다.

또한 태국의 남자들은 소년에서 어른의 세계로 들어가기 위해서 수계의식을 한다. 사무실 직원 루이가 '부앗 프라'라는 승려 생활을 3주간 하기 위해 '수콴 낙'이라는 출가 의식을 한다며 초대를 했다. 자만심과 성욕을 버리는 상징으로 머리와 눈썹을 밀고, 흰옷을 입고 있는 루이의 모습이 낯설고 웃겼지만 진심으로 축하해 주었다. 부총장도 참석을 해서 루이의 목에 꽃을 걸어 주며 어른이 되는 것을 축하했다.

동네에 있는 크지 않은 절에 가볼 기회가 있었다. 앳이 자신이 다니는 절에 가보겠냐고 해서 따라간 것이다. 보름날과 그믐날에만 가는 것이 아니라 주말에도 간다고 했다.

01. 절에 찾아가서 총장이 예를 표하는 연례 행사

02. 길에서 스님을 기다리는 주민들

03. 인문대학 건물 오프닝 하는 날 - 스님 99명을 모셔와서 진행함

04. 법당 안의 모습 - 실을 잡고 하나가 된 스님과 신자

앳은 음식을 준비해서 간다고 새벽부터 부산했다. 절은 우리가 생각하는 것과 많이 달랐다. 단층으로 된 긴 교실처럼 생긴 곳이었는데 제일 안쪽에 불상을 모셔 놓고 옆으로는 교자상을 펼쳐 놓았다. 그 앞으로 신자들이 형편 닿는 대로 시주하려고 가지고 온 쌀, 음료수, 휴지, 과자, 가사적삼, 형광등, 그리고 가스통이 있었다. 정성이 차곡차곡 쌓여 있는 것처럼 보였다. 시간이 되자 스님 아홉 분이 열을 지어 놓은 교자상 위에 올라가서 부처님께 절을 한 다음 독경을 시작했다. 나는 방석을 가지고 제일 뒤에 가서 앉았다. 독경이 끝나자 그 절의 주지 스님으로 보이는 분이 온화하면서도 잔잔한 목소리로 설교하셨다. 나는 잘 알아들을 수가 없어서 부처님이 말씀하신 자비가 예수님의 사랑처럼 가슴속에 울려 퍼지기를 기도했다.

한 시간 남짓 설교가 끝나고 나서 스님들이 먼저 식사를 했다. 신자들이 마련해 온 가지각색의 음식을 뷔페처럼 정성껏 차려 놓고 스님이 담아가기를 기다렸다가 일반 신자들은 법당 밖에 길게 자리를 깔아 놓은 곳에서 앉아 먹었다.

앳은 그곳에 온 사람들에게 나를 소개하느라고 바빴다. 어디를 가든지 나를 소개하는데 이번에는 카톨릭 신자이면서도 절에 왔다고 덧붙였다. 내 옆에 앉아서 식사를 하던 10살과 18살 여자아이의 엄마가 기회가 되면 아이들에게 한국어를 배우게 하고 싶다고 했다. 내가 직접 따라다니면서 인사를 나누는 것이 한국어 선생님을 알리는 데 제일인 것 같았다.

앳은 20년을 재직한 교수의 월급으로 2만 밧(80만 원 정도)를 받아 5천

01. 가정집 탐분 / 02. 승려생활을 하기 위해 머리와 눈썹을 민 루이
03. 토착신앙과 결합된 불교(교내) / 04. 시주하는 소박한 음식

밧은 절에 시주하고, 5천 밧은 부모님에게 보낸다고 했다. 태국의 민간 설화 '샴의 오래된 이야기와 새 이야기'에 나오는 것처럼 현대의 태국인도 공덕을 쌓아 운명을 바꿔보고자 하는 열망이 강하게 엿보였다.

가정집에 스님들을 모셔 놓고 탐분하는 것을 볼 기회도 있었다. 농축산단과대학 학장인 아짠 쌈판의 초대를 받은 것이다.

아침 7시 반 쯤 도착하니 벌써 많은 사람들이 와 있었다. 아는 학생들도 몇 명 있어서 반가웠다.

곧 스님이 아홉 분이나 줄을 지어 왔다. 분위기가 자못 엄숙하였다. 집에 모셔둔 부처님 앞에 있는 초에 불을 붙이고 부처님에게 연결된 실을 잡고 스님들이 독경을 시작했다. 스님 앞에는 집주인 부부와 부모님이 앉고 그 뒤에 가까운 사람들이 손을 모으고 앉아서 스님들의 독경을 들으며 경건한 자세로 한참 동안 있었다. 실내뿐만 아니라 밖에 있는 사람들도 손을 모으고 듣고 있었다.

나에게 카메라맨을 해달라고 했었기 때문에 조심스럽게 자리를 옮기면서 사진을 찍고 동영상을 담았다. 독경이 끝나자 스님들께 정성껏 차린 음식을 내왔다. 스님들이 식사를 하고 나서 주지 스님이 아짠 쌈판에게 축복을 해 주며 덕담을 해주었다.

집에 온 손님은 삼삼오오 모여서 음식을 먹으며 이야기를 나누었다. 형편이 괜찮은 사람들은 이렇게 스님을 집에 모셔 와서 동네 사람들이 자리를 함께하는 행사를 일 년에 한 번씩 한다고 했다.

교직원들과 어울리기

'무양까올리'가 한국 음식이냐고?

짠타부리에서 교수들과 종종 자리를 같이 하며 식사를 했고, 집에도 초대하고 초대받기도 했는데 사무실을 같이 사용하지 않으니 일회성으로 끝나곤 했다. 그런데 본관에 근무하는 직원들과는 자주 보다 보니 가깝게 지내게 되었다.

어느 날, 직원들이 퇴근하면서 '무양까올리'를 먹으러 가자고 했다. 그리고 나에게 물었다. '무양까올리'가 한국에도 있느냐고.

'무'는 돼지, '양'은 굽는다, '까올리'는 한국을 의미하는 말로 '한국식 돼지고기 구이'라는 뜻이다. 가운데가 불룩하게 올라온 불판에는 고기를 구워 먹을 수 있고, 불판 둘레에는 육수를 부어 야채를 샤브샤브 해 먹을 수 있는 음식이다.

나는 본 적이 없다고, 한국의 것과는 좀 다르다고 했다. 방콕에서 현지훈련기간 동안 무양까올리를 먹으러 간 적이 있었다. 그때 왜 그 이름이 붙었는지 인터넷을 찾아보니 불판을 만든 사람이 한국의 불판을 보고 만들었다고 해서 붙인 이름이라고 했다. 현지인들은 '무까타'라고도 부른다. 300밧(약 11,000원 정도)을 내면 고기를 실컷 먹을 수 있다는 말을 듣고 동기 단원들과 기대를 하고 갔는데 고기가 구워지는 면적이 너무 작아 양껏 먹을 수 없었다. 일반적으로 무양까올리를 하는 집은 뷔페식으로 고기만이 아니라 야채와 튀김과 간식을 제공한다. 고기가 구워지기를 기다리면서 그런 것들을 먹게 되어 정작 고기는 많이 먹지 못했다.

이번에도 고기를 먹는 것보다 천천히 구우면서 이야기를 하는 맛이 더 좋았다.

직원 아가씨들이 한국 노래나 드라마를 좋아하고, 한국에서 자기가 좋아하는 가수나 배우가 오면 방콕까지 공연을 보러 간다고 했다. 비용이 만만치 않게 들지 않느냐고 하니 그래서 돈을 모은다고 하며 입장료가 비싼 것도 있지만 무료로 볼 수 있는 경우도 많다고 했다. 한국에서 연예인들이 많이 오는 이유를 알 것 같았다.

그들은 한국으로 여행을 가고 싶지만 너무 큰돈이 들어서 엄두를 못 낸다고 했다. 일반적으로 직원들 월급이 40만 원 정도인데 한국에 다녀오려면 기본적으로 100만 원 이상이 드니 그럴 만했다.

나는 어어가 부탁했던 것에 대한 이야기해 주었다. 어어의 친구가

01. 무양까올리 / 02. 나를 도와준 직원들

01

02

한국어 전공을 해서 한국 회사에 다니고 있는데, 한국에 석사 공부를 하러 가고 싶다면서 어디를 가는 것이 좋은지 얼마나 드는지 알아봐 달라고 했었다.

우리나라에 외국인을 대상으로 한 어학원이나 어학당이 정말 많고, 시즌별로 외국인을 대상으로 한 프로그램도 많지만 어학당이나 대학원 공부를 하려면 많은 돈이 필요했다. 이곳에서 웬만큼 벌어서는 생각하기도 어려운 금액이다. 그래서 장학금 제도가 잘 되어 있는 몇 군데를 소개해 줬다.

도시락 같이 먹으며 수다 떨기

짠타부리에서 수업은 거의 1시에 있어서 점심을 먹으러 식당에 가지 않고 도시락을 싸서 다녔다. 나 혼자 먹는 것을 보고 어어와 에프가 도시락을 싸 와서 같이 먹게 되었고 낍과 엠도 한번씩 자리를 같이했다.

내가 만들어 가는 반찬이 한국식이어서 입에 안 맞으면 어쩌나 했는데 어어는 아주 잘 먹고 다른 사람들은 조심스럽게 맛보기를 했다. 고등어 조림과, 갑오징어로 만든 오징어 볶음은 아주 인기가 있었다.

그리고 집 마당에 파파야 나무가 있어서 솜땀도 자주 만들어 갔다. 파파야가 노랗게 익으면 과일로 먹지만 파랄 때는 솜땀의 재료로 쓰이는데 집에 한 그루만 있어도 올망졸망 열려서 실컷 먹을 수 있다.

밥을 먹으면서 수다를 떨다 보니 학교 사정도 알게 되고 태국인들이 한국에 대해 어떻게 생각하는지도 많이 알게 되었다. 한국 드라마 역시 화제에서 빠지지 않았다.

에프가 코에 큰 흉터가 생긴 이야기, 어어에게 엄마가 없다는 사실, 남자 친구에 대한 이야기도 밥을 같이 먹으며 나눈 대화였다. 나이가 20살 이상 차이가 나는 직원들이지만 마음을 열면 친구가 될 수 있고, 태국어가 그리 능통하지 않아도 수다는 얼마든지 떨 수 있었다.

남자 친구가 생겼다

허탕을 쳤다.

땡볕에 자전거를 타고 땀을 뻘뻘 흘리며 수업하러 갔더니 학생들이 하나도 없었다. 코워커 쑥에게 전화를 하니 신입생을 환영하는 행사가 있어서 못 간다고 했다. 사무실에 돌아가니 또 땀이 나고 더웠다. 열이 났다.

사무실 책임자인 아짠 남에게 학생들이 오지 않아서 '씨아 짜이(슬프다)' 하다고 하니 입학 시즌은 좀 그럴 거라며 허허 웃는다.

잠시 후, 그의 아내인 아짠 펀과 시내에 가는데 같이 가겠느냐고 했다. 기분도 우울해서 가겠다고 했다.

짠타부리 시내에 있는 로터스에 쇼핑하러 가보니 의외로 살 것이 많았다. 태국 시장에서는 보기 힘든 대파와 콩나물도 있었다.

아짠 남은 저녁에 해산물 요리를 먹으러 바닷가로 가자고 했다. 바다가 보이는 전망 좋은 곳에서 맛있는 음식을 먹으며 수다를 떠니 기분 전환이 되었다.

공교롭게도 세 명 모두 나이가 같았다. 나이가 같다는 게 불필요한 거리를 없애 주었다. 아짠 남 부부는 자신들은 아이가 없어서 여행을 자주 가는데 시간이 되면 같이 다니자고 했다.

내가 태국 음식 만드는 것을 배우고 싶다고 했더니 아짠 남이 아짠 펀보다 더 잘한다고 했다. 그 날 이후, 그들의 집에 자주 가게 되었는데 정말 아짠 남이 주로 식사 준비를 하였고 아짠 펀이 거들었다. 나중에 알고 보니 그는 근사한 식당을 운영하고 있었다.

그는 내가 요리하는 것을 먹어 보고는 맛있다고 하면서 나에게 사업을 같이해 보자고 제안했다. 태국에 한국 식당을 내고, 한국에 태국식당을 내서 서로 매니저를 해주면 어떻겠느냐는 것이다. 몇 번이나 진지하게 말해서 살짝 고민하기도 했다. 아무튼 동갑인 그와 친해져서 친구 같은 느낌이 들었다.

남자친구 넘버 2

교직원 특강을 할 때 경찰이 수업을 들어도 되냐고 코워커 쑥이 물었다. 태국은 희한하게도 공무원들이 부업을 할 수 있어서, 학교에 컴퓨터를 팔고 수리를 해주는 일을 겸하고 있는 그가 교직원 강의에 대해 들은 모양이었다. 경찰이라는 말에 살짝 부담스럽기는 했으나 그러라

01. 사복경찰 차이 씨
02. 아짠 남 부부

고 했다.

며칠 뒤, 그 경찰이 학생들의 수업에 참관하고 싶다고 왔다. 아마도 내 수업을 보고 나서 배울 것인지 말 것인지 결정할 모양이었다. 이번에도 그러라고 했다.

나와 나이가 비슷해 보이는 그는 사복경찰 차이 씨였다. 눈매가 예사롭지 않은 차이 씨는 그 후 교직원 특강에 제일 열심히 참석했다. 그는 한국 IT 기술이 최고라고 하면서 용산에도 두 번 다녀왔다고 했다. 사업상 필요해서 한국어를 혼자서 공부했다고 하는데 발음이 틀려서 알아들을 수 없는 게 많았다. 나이가 많은데도 배우려는 의지가 가상해서 친절하게 가르쳐 주었더니, 그는 자신의 일이 시간을 자유롭게 쓸 수 있는 일이라 일주일에 두세 번 학교에 들어온다고 하면서 시내로 나가거나 방콕에 갈 때 태워 주겠다고 언제든지 연락하라고 했다. 그리고는 학교에 들어올 때 먹을 것을 사가지고 왔다.

처음에 도넛을 예쁘게 포장해서 가져왔기에 부담스러워서 안 받겠다고 하니 학교에 거래를 하면서 다른 사람들에게도 자주 사다 주니 부담스럽게 생각하지 않아도 된다고 했다. 직원들에게 그 경찰이 어떤 사람이냐고 물으니 괜찮은 사람이라고 해서 경계를 늦추었다.

그 후, 궁금하거나 모르는 것이 있으면 언제라도 와서 물으라고 했더니 자주 먹을 것을 사가지고 사무실에 들렀다.

그러던 어느 날, 정말 그의 픽업이 필요해서 전화를 했다. 방콕에서 체험학습을 위해 장을 봐 왔는데 차가 끊긴 것이었다. 그는 정말 지체 없이 달려왔다. 차를 타고 가는 동안 어색하고 긴장된 분위기에서 몇 마디 나누다가 나이가 나와 같다는 것을 알게 되었다.

"혼자서 나와 살고 있으니 남편에게서 자유로워서 좋지 않나요? 나는 아내가 며칠 집에 없으면 좋던데."

"떨어져 있으니 남편이 더 보고 싶네요."

그는 진짜냐고 물었다. 그가 혹여 이상한 생각을 할까 봐 휴대폰에 있는 남편과 다정하게 찍은 사진을 보여 주었다.

"외롭지는 않나요?"

"조금 외롭기는 하죠. 그래도 남편과 페이스타임으로 얼굴 보면서 가끔 통화해서 괜찮아요."

그날 이후, 그는 친구처럼 편하게 느껴졌다.

내가 촌부리로 이사할 때가 되자, 그는 짠타부리 특산물인 자리를 나에게 선물했다. 스펀지가 붙어 있어서 배기지 않고 시원한 자리였다. 나는 그에게 한국어 공부에 도움이 되는 자료를 챙겨 주었다. 그는 웃으며 언제든지 픽업이 필요하면 전화하라고 했다.

몇 달 뒤 남편이 왔을 때 전화를 했더니 정말 만사를 제쳐 놓고 달려

와서 차를 태워 주고 밥도 사주었다. 그는 태국에서 마음 편하게 만날 수 있는 남자친구 2번이었다.

과수원 체험학습

짠타부리는 땅이 기름져서 태국의 농산물을 공급하는 중요한 지역인데 특히 두리안, 망고스틴, 렁껑, 람부탄, 살라는 이 고장의 특산물이다. 방콕에 있을 때 과일 가격이 만만치 않아서 마음껏 사먹지 못했는데 짠타부리에서는 그렇지 않았다. 과실수가 없는 집이 없어서 사무실이든 집이든 과일이 풍성했다. 내가 과일이라면 뭐든지 좋아하니까 사람들이 수시로 갖다 줘서 거의 사먹는 일도 없었다. 한국에서는 엄청나게 비싼 두리안을 냉장고에 재어 놓고 양을 조절하며 먹을 정도였다.

마침 제철이어서 맛도 아주 그만이었다. 보통 4월부터 6월까지 나오는 과일이 종류도 제일 많고 맛도 좋다고 하는데 내가 짠에 머무는 기간과 딱 맞아 떨어진 것이다. 내가 먹을 복이 있기는 있는 모양이었다.

태국식 소시지 만들기 체험학습

촌부리에서 살 때는 짠에서 보던 과실수는 없고 거의 망고 나무만 보였다. 그래서 망고가 나는 4월부터 9월까지 정말 원 없이 실컷 먹었다. 자기 밭의 망고를 팔러 나오는 할머니와 친해졌는데 내가 하도 자주 사가지고 가니까 식구가 몇 명이냐고 물었다. 혼자 산다고 하니 그 많은 것을 다 먹느냐고 놀라워했다. 1킬로그램에 천 원 정도로 싸고, 나무에서 다 익은 것을 따서 파는 것이기 때문에 향이며 식감이 쫀득쫀득 해서 아침저녁으로 입 호사를 누렸다. 신맛이 나는 파란 망고도 번갈아 먹었는데 깔끔한 맛이 일품이었다.

나는 그런 과실수들을 재배하는 농장에 직접 가보고 싶었다. 마침 자연스럽게 기회가 왔다.

아짠 남이 자신의 농장에 간다며 같이 가자고 했다. 일꾼들이 여러 명 일을 하고 있다가 우리가 가니 일을 멈추고 안내했다. 농장이 제법 컸다. 안으로 깊숙이 들어가니 람부탄과 망고스틴, 렁껑, 바나나 나무가 우거졌다. 땅이 좋아서 그런지 열매들이 주렁주렁 많이 달려 있었다. 람부탄을 하나 따서 먹어 보니 수분이 많고 당도가 높았다.

아짠 남은 나에게 람부탄 수확하는 기구를 가지고 따보라고 했다. 힘만 들지 생각보다 잘 되지 않았다. 자신이 하겠다며 하더니 세 명이 들기도 힘들 정도로 따서 묶었다. 망고스틴은 나무에 올라가서 직접 따서 옷 앞자락에 담아서 내려왔다. 입구에 있는 렁껑까지 챙겨서 차에 가득 차게 가지고 왔다.

과일나무를 직접 보고, 나무에 달린 과일을 따는 것이 재미있다고 하니 우리나라에서 과수원에 체험학습 하듯 짠타부리에서도 여행을 하는 사람들이 들러서 마음껏 먹고 자기가 딴 것을 가져가도록 하는 과수원도 있다고 했다. 1인당 50밧(2천 원)을 받는다고 하니 홍보를 잘해서 여행객들이 이용하면 좋을 것 같았다.

장례식 참석

촌부리에 있을 때, 본관 사무실에 들렀더니 루이가 같은 사무실 사람 중에 한 사람은 월요일에 죽고 한 사람은 화요일 죽었다고 하였다. 월요일에 죽은 사람은 나이가 많은 사람으로 거의 사무실에 나오지 않아서 그런가 보다 했는데, 화요일에 난이 죽었다고 해서 깜짝 놀랐다.

난은 나이가 나보다 몇 살 어린 여자 직원인데 얼마 전부터 출근하지 않더니만 그렇게 된 것이었다. 유방암 수술을 했었는데 재발했다고 한다. 얼마 전까지 이야기를 나누던 사람이 그렇게 되다니… 직원들이 모여서 장례식에 간다고 하기에 같이 가자고 했다.

크고 작은 행사에 불교의식을 행하듯이 장례식도 절에서 했다. 송클란 축제의 중심이 되고, 학교의 중요한 행사를 하던 그 절이었다.

장례식장 분위기는 숙연했다. 참석한 사람들이 난의 죽음을 안타까워하는 표정이 역력했지만 우는 사람은 없었다. 윤회사상을 믿기에 더 좋은 곳에 태어나기를 바라는 마음으로 엄숙하게 치르는 것 같았다.

난의 시신을 탁자 위에 안치한 뒤, 약간의 의식을 행하고 나서 문상 온 사람들이 줄을 지어서서 시신의 손 위에 물을 부었다. 나도 꽃을 띄운 물을 바가지로 떠서 난의 손에 부으며 극락왕생을 기원했다.

코워커와 미얀마 여행하기

KOICA 단원으로 파견된 지 1년이 지나면 두 차례 국외여행을 할 수 있다. 한 번은 가족을 보러 한국에 가고, 한 번은 태국과 국경을 마주하고 있는 미얀마에 가야겠다고 마음을 정했다. 미얀마는 아직 개방이 많이 되지 않은 곳이어서 자연과 역사가 그대로 보존이 되어 있을 것 같았다.

긴 방학에 접어들면서 구체적으로 계획을 세우며 코워커에게 알렸다. 코워커 나티는 자신도 미얀마에 아직 못 가봤다면서 같이 가고 싶다고 했다. 농담하는 줄 알고 다시 물었다. 진심이라고 했다. 친구들이나 가족과 같이 가는 것이 좋지 않느냐고 했는데도 변함이 없었다.

나는 며칠 더 생각해 보라고 했지만 마음속으로는 기분이 좋았다. 나티가 20살이나 차이가 나는 나와 여행을 같이 가고 싶다고 할 만큼 서로 마음이 잘 맞는다는 뜻이기 때문이다. 태국 사람과 형식적으로는 친하게 지낼 수 있어도 정말 마음이 통하는 친구가 되기는 어렵다고 하던데 여행을 같이할 만큼 친구가 된 것이 아닌가 싶었다.

며칠 후, 난감한 표정으로 자신의 친구가 같이 가고 싶다고 하는데 괜찮겠느냐고 했다. 그 친구는 나티의 남자친구였다. 상관없다고 했다.

또 며칠 뒤, 그 남자친구의 부모님도 같이 가고 싶다고 연락이 왔다고 했다. 나티도 원하는 바는 아니었지만 어쩔 수 없는 것 같았다.

상황이 이상하게 돌아갔으나 판을 깰 수는 없었다. 나티가 같이 가고 싶다고 하기에 동기 단원에게는 물어보지도 못 했는데 예상치 못한 조합이 된 것이었다. 미얀마는 아직 여행 인프라가 잘 안 되어 있어서 혼자 다니는 것보다 나을 거라고 마음을 돌리는 수밖에 없었다.

다행히 결과는 좋았다. 최고의 여행을 했다. 서로 협의해서 가장 좋은 방법을 선택했고, 같이 또 따로 다니면서 서로 구속하지 않았다. 어떤 경우든 서로 존중하는 마음이 있으면 색다른 경험을 할 수 있다는 사실을 체험한 여행이었다.

주민들과 어울리기

너무도 친절한 태국인

아침마다 정확하게 5시 20분이 되면 기계음이 울렸다. 골프장에서 나는 소리였다. 골프장과 담을 하고 있으니 잔디 깎는 기계 소리는 어쩔 수 없는 일이라 여기고 참아왔는데 12월 들어 낙엽을 쓸어 내는 굉음이 더해지면서 고통은 더 심해졌다.

날이 일찍 밝아질 때는 학교에서 지내다 오곤 했는데 해가 짧아지면서 밖에 나가는 것도 망설여졌다.

잠을 잘 만큼 자야 하는데 그렇지 못하니 생체 리듬이 깨지고 정서가 불안해졌다. 그것은 생활에 전반적인 영향을 미쳤다. 갈수록 소리에 예민해지고 머리가 아프고 가슴이 답답해졌다. 아침에 음악 듣던 습관도 없어졌다. 소리 자체가 싫어졌다.

촌부리로 올 때 적당한 집이 없어서 3개월만 계약을 하고 들어왔기 때문에 이사하는 데는 문제가 없었다. 사무소 측에서도 일단 살아 보면서 계속 살 것인지 결정하라고 했었다. 주위에 아는 사람들에게 소음이 없는 집을 알아봐 달라고 부탁했더니 이사철이 아니어서 방이 없다고

01. 나쁜 사람 많다며 조심하라고 걱정해준 행상 아줌마

02. 주민이 먹어 보라며 준 촘푸

했다.

그렇게 한 달 쯤 지내다 도저히 참을 수가 없어 직접 알아보러 다녔다. 나티와 차를 타고 둘러보았는데 마땅한 방이 없었다. 혼자라도 구석구석 다녀야 했다.

집이 많은 골목으로 들어갔다가 괜찮아 보이는 이층집에서 마음씨 좋아 보이는 아줌마가 나오기에 빈 방이 있는지 물어보았다. 자신의 집에는 빌려 줄 방이 없다면서 사람들에게 물어보겠다며 나를 오토바이에 태워서 두세 군데를 데리고 갔다. 그러던 중 그 아줌마를 아는 캐디를 만났는데 골프장 안에 건물을 가지고 있는 한국인을 안다면서 빈 방이 많으니 물어보자며 데리고 갔다. 골프국제학교를 운영하는 곳이었는데 학교에서 자전거로 10분 걸린다더니 엄청 멀었다. 일반인은 받지 않는다고 해서 그냥 돌아오기는 했지만 혼자 방 얻으러 다니는 나를 도와준 그녀의 마음씨에 감동했다.

이런 일처럼 시골에서 사니 순박하고 인정이 많은 사람들을 많이 만났다. 신발을 고쳐야 해서 수선하는 곳이 어디냐고 물으면 아예 신발을 가져다가 수선해서 주겠다고 하고, 자전거에 바람이 빠졌다고 하니 직접 끌고 가서 고쳐 주는 사람도 있다. 산책길에 자주 만난 동네 아주머니는 자신이 재배한 과일이나 야채를 나누어 주기도 하고, 전혀 누군지 모르는 직원이 자신이 실로 떠서 만든 열쇠고리를 새해 선물로 준 적도 있다. 외롭지 않느냐고 지낼 만하냐고 진심으로 물으며 환한 웃음을 던져 주는 사람은 더욱 많았다.

"싸바이 디 마이 카(잘 지내나요)?"

그렇다고 그들의 형편이 그리 넉넉한 것은 아니다. 지독하게 가난하게 사는 것이 안쓰럽기까지 한 사람도 있다. 그럼에도 타인에게 선을 행하는 것을 보면 많은 것을 생각하게 했다. 지난 날 우리에게도 따뜻한 마음이 있었고, 그런 마을 공동체 속에서 살았다. 그 시절이 그리웠다. 아직 순박한 마음을 지니고 있는 사람 속에 있다 보니 나의 착한 본성도 커지는 것 같았다.

태국인들은 사람에 대해서 평가할 때 '짜이 디(마음 좋다, 착하다)'라는 말을 자주 사용한다. 내가 만난 사람 중에 가끔 마음이 검은 '짜이 담'한 사람도 있고 거짓말을 잘하는 사람도 있었다. 특히 외국인을 상대로 벌이를 하는 사람 중에 질이 좋지 않은 사람이 많지만, 열에 아홉은 진짜 '짜이 디' 했다.

가족 같은 이웃들

골프장의 소음을 벗어나 이사한 곳은 고시촌 같은 조그만 원룸형 아파트였다. 1층에 가게가 있는데 그 가게를 운영하는 아줌마가 '사람 좋은' 사람이었다.

태국에서는 나이가 많은 엄마뻘 되는 사람을 '빠'라고 하는데 학생들이 그렇게 부른다며 나도 그렇게 부르라고 했다. 빠의 나이가 65살이어서 나에게 엄마뻘까지는 아니었지만 말이다.

태국 사람들끼리는 가족의 호칭을 확장하여 오빠, 형, 언니, 누나뻘 되는 사람을 '피'라고 부르고, 동생은 '넝'이라고 부른다. 누구라도 자신보다 나이가 많아 보일 때 '피'라고 부르는데 외국인이라도 그렇게 부르면 가족 같은 느낌을 가지게 한다.

빠의 가게 앞에 둘러앉을 수 있는 테이블이 두 개가 있는데 그곳에서는 거의 매일 동네에 사는 학생과 캐디들이 모여서 놀거나, 때로는 술 한 잔을 하면서 즐겁게 어울렸다. 빠의 부엌에서 밥을 해서 같이 먹기도 했는데, 특별한 날에는 남학생들이 음식을 만들어 파티를 열기도 했다. 그렇게 서로에게 관심을 가지고 지내니 무슨 일이 있으면 도와주고 걱정해 주었다.

나도 곧 그 일원이 되었다. 아침에 출근할 때 옷을 갖춰 입고 나가면 관심 있게 보면서 인사를 하고, 저녁에 운동하러 가거나 시장에 갈 때도 어디에 가느냐고 묻고, 무거운 것을 들고 가면 오토바이를 태워 주려고 했다. 어려운 점이 생기면 누구에게라도 도와 달라고 말할 수 있는 가족과 같은 분위기의 공동체였고, 가게는 동네 사랑방이었다. 사람 사는 동네 같았다. 그들과 어울리면 즐거워서 외로움을 덜 느꼈다.

가는 정 오는 정

가끔 한국 음식이 참을 수 없을 정도로 먹고 싶을 때가 있었다. 한 번은 며칠 동안 부추를 넣어 만든 고추장떡이 눈앞에 왔다 갔다 했다. 그래서 장날 부추, 양파, 매운 고추를 사다가 준비를 하며 주위 사람들에게 한국 음식을 할 거니 맛보러 오라고 말했다. 그래서 이왕 하는 김에 된장찌개도 했다.

된장찌개는 내 방에서 끓이고, 전은 빠의 부엌에서 부치러 내려갔다. 간단한 것은 내 방에서 하지만 팬을 사용하거나 김치를 담글 때는 빠의 부엌을 이용했기 때문이다.

프라이팬이 별로 좋지 않아서 전이 잘 안 뒤집어 졌다. 그래서 기름을 넉넉히 두르고 했더니 오히려 맛이 더 좋았다. 빠는 고추장을 많이 넣는 것을 좋아해서 듬뿍 넣었다.

옆에 있는 식당과 앞집에도 전을 한 접시 가져다주고, 식탁에 둘러앉은 사람들에게도 푸짐하게 내놓았다. 대부분 맛있다며 잘 먹었다.

그동안 도와준 교직원들과 송별회

전을 부치는 중간 중간 빠가 옆에서 게 살 튀김과 생선 튀김을 챙겨주며 먹으라고 했다. 그리고 된장찌개를 덜어놓고 전 한 접시를 가지고 올라오려는데, 빠는 가져가서 먹으라고 과일이며 땅콩을 챙겨 주었다. 밥도 주려고 하는 것을 마다했다.

그런데 내 방으로 오는 길에 옆방에 사는 랏다를 만났다. 안 그래도 맛을 보여주고 싶었는데 잘되었다 싶었다. 여동생 둘과 같이 오기에 된장찌개와 전까지 모두 주었다. 결국 나는 빈손이었지만 기분이 좋았다.

우리 민족이 콩 한 쪽도 나누어 먹는 민족이라고 하는데 이곳 사람들도 우리처럼 인정이 많았다.

내가 사람들과 빨리 친숙해진 것은 음식 덕분이었다. 시장에 가면 야채와 고기가 싸고 풍부해서 KOICA 격려품으로 받은 고춧가루, 고추장, 간장, 된장으로 웬만한 음식을 만들 수 있었고, 가끔 한인상가에서 사온 재료로 못 해 먹을 음식이 없었다.

그래서 김치를 담궈 나눠 먹기 시작했다. 태국 사람들이 김치에 대한 관심이 높았기 때문이다. 배추가 크기는 작아도 어디든지 있었고, 젓갈은 멸치젓과 비슷한 것이 있어서 김치 맛이 괜찮았다.

식당에서 나오는 신 김치만 먹어본 사람들은 내가 만든 김치를 아주 좋아했고, 처음 먹어 보는 사람들도 차츰 중독되어 갔다. 그래서 김치를 담게 되면 이왕 하는 거 많이 만들어서 나누어 주었다. 나중에는 바빠서 한참 동안 김치를 안 담그면 김치를 언제 담그느냐고 조르는 직원도 생겼다.

또한 기회가 있을 때마다 다른 한국 음식도 만들어 주위 사람들에게 맛을 보였다. 돼지고기 고추장 볶음, 닭찜, 오이소박이, 잡채는 누구나 좋아했다. 내가 받는 생활비로 이런 일을 위해 기쁘게 써야 할 것 같았다. 그렇게 가는 정이 있으니 오는 정도 많다. 음식이며 과일이며 선물들, 내가 준 것보다도 훨씬 더 많이 받았다.

삐마이에 초대되다

김밥을 멋지게 만들었던 빅에게 김발을 빌렸다. 깐짜나부리 왕실 행사에서 김밥 시연을 할 때 사용하기 위해서였다. 평소에는 김발을 사용하지 않아도 되지만 행사가 행사니 만큼 전시용으로 필요할 것 같았다.

빅은 이모가 업무 차 한국에 자주 가기 때문에 이모를 따라 한국에 세 번이나 가봤다는 학생이다. 그래서 수업을 할 때 한국어에 대한 감이 남달랐다. 외모도 한국인처럼 생겨서 친숙한 느낌이 드는 학생인데 김밥을 아주 좋아한다고 하면서 김발까지 가지고 있었던 것이다.

행사를 마치고 김발을 돌려주려고 빅을 만났는데 '삐마이(새해를 맞이하는 명절)'에 어디 가느냐고 물었다. 아무 데도 안 간다고 하니 자신의 집에 놀러 오라고 초대를 했다. 방콕에서 다솔 단원이 오기로 해서 같이 가도 되겠느냐

01. 삐마이 행사에 참석
02. 빅의 가족들과 함께

고 했더니 집안 사람들이 모여서 음식을 많이 준비하기 때문에 괜찮다고 했다.

방문하기 전에 선물로 가져갈 김치와 김을 챙겼다. 빅이 김치를 잘 먹는 것을 보면 분명히 그 식구들도 잘 먹을 것 같았다.

빅의 집은 생각보다 컸다. 예전에 자전거를 타고 산책을 나갔다가 빅의 집 앞에서 만났을 때 집 안에 농장이 있고, 농장 안에 집이 더 있다고 하더니 차를 타고 제법 가야 할 정도였다.

빅의 어머니는 생선 요리와 튀김을 하고 계시다 반갑게 맞아 주셨고, 빅의 외할머니와 다른 친척들도 환대해 주셨다. 중고등학생으로 보이는 학생들이 밖에서 닭고기를 굽고, 안에서도 요리를 하고 있어서 상을 차리니 푸짐했다.

빅의 가족들과 함께 한자리에 앉아서 식사를 같이하면서 이런저런 이야기를 나누었다. 한국에 자주 간다는 이모는 한국말을 제법 잘하고 한국에 대해 아는 것도 많았다. 부라파 대학에서 일반인을 대상으로 한국어를 가르쳐 주는 반에서 1년 이상 배웠다고 해서 빅과 이모님 중에 누가 한국어를 더 잘하는지 재미 삼아 질문을 했더니 이모님 순발력이 빅보다 나았다. 빅은 배운 것을 잘 사용하지 않으니 잊었다면서 머리를 긁적이며 겸연쩍게 웃었다.

그렇게 웃고 즐기다 보니 밤이 깊었다. 가족들이 모여 훈훈하게 보내는 삐마이에 초대되어 새해를 맞이하니 감회가 남달랐다. 한국에 있는 가족이 그리웠다. 돌아가면 더욱 사랑하며 살아야겠다는 마음이 솟구쳤다.

너무 오래 있는 것도 폐를 끼치는 것 같아 가겠다고 했더니 빅의 이모가 직접 만든 케이크를 선물했다. 빅의 엄마는 삐마이에 천을 선물하는 풍습이 있다고 하면서 숄을 가지고 나와서 주며 언제든지 놀러 오라고 했다. 너무 많은 사랑을 받아서 마음 부자가 되었다.

축제 즐기기

투리안 페스티벌

4~5월은 투리안 시즌이다. 5월 4일부터 열흘 동안 짠따부리 시내에서 성대하게 투리안 축제를 벌인다고 한다.

태국에서는 투리안을 '과일의 왕'이라고 하고, 망고스틴을 '과일의 여왕'이라고 하는데, 투리안은 열이 많은 과일이고 망고스틴은 찬 성질을 가진 과일이기 때문에 같이 먹는 것이 좋다고 해서 그렇게 불린다고 한다.

투리안은 생김새부터가 남다르다. 수박만 한 크기에 삐쭉삐쭉한 돌기가 뒤덮고 있어서 꼭지가 있어야만 들 수가 있다. 맛과 향 또한 남다르다. 과육이 부드럽고 아주 달콤하다. 냄새가 나서 못 먹는 사람도 있지만 신선한 것은 냄새가 거의 나지 않으며 고소한 맛이 느껴진다. 이곳 짠타부리가 최대의 산지여서 투리안을 싣고 가는 차를 자주 볼 수 있다.

이웃에 사는 아짠 찜이 투리안 페스티벌에 가자고 했다. 찜은 유쾌한 성격을 가진 노처녀였는데 인사만 겨우 나눈 사이인데도 내가 심심

할까 봐 관심을 보이는 것 같아 그러마 했다.

축제가 열리는 행사장에 가보니 찜이 학교에서 만든 생산물들을 홍보하는 부스의 책임자였다. 찜은 잠시 부스를 점검해 주고 나와 같이 구경을 다녔다.

투리안 축제라고는 하나 사실 짠따부리 내의 각 지역에서 재배하는 과일들을 홍보하기 위한 행사였다. 퉁나추이 공원의 강변을 따라 각 암퍼(마을)에서 생산되는 과일로 만든 조형물들을 전시하였는데 규모가 대단했다. 투리안과 망고스틴은 물론, 람부탄, 람야이와 같은 과일로 만든 아이디어가 정말 기발했다. 특이한 복장과 분장으로 거리 행진도 했는데 참가하는 사람들이 학생부터 일반인까지 다양했다.

무대에서는 남녀가 사회를 보고 행사를 진행하고 있었고 그 옆에는 엄청나게 커다란 팬에 투리안을 넣고 여러 명이 저어 투리안 잼을 만들었는데 그 향이 멀리까지 퍼져 나가서 무대를 찾아갈 정도였다.

다양한 먹을거리와 수공예품을 팔고 전통 음악을 연주하는 팀도 있어서 축제다운 축제 같았다.

01. 투리안 / 02. 투리안 잼 만들기

까터이와 함께한 쏭크란 축제

촌부리에서 같은 사무실을 사용했던 직원 중에 꺼삐와 루이시가 '까터이'였다. 남자 중에 여성성을 가진 사람을 '까터이'라고 부르고, 여자 중에 남성성을 가진 사람을 '톰보이'라고 한다.

꺼삐는 OJT 기간에 나를 도와주었던 사람 중에 한 명이었다. 처음 만났을 때 외모가 특이하지 않아서 까터이인 줄 몰랐다. 다만 나와 눈을 잘 못 맞추고 수줍어하면서 말을 잘하지 못하기에 조금 이상하다 싶기는 했다. 꺼삐와 친해지자 자신이 좋아하는 것을 보여 주는데 귀엽고 예쁜 것이 많았고, 여자 신발을 신고 와서 예쁘냐고 묻기도 했다. 자신은 잘 생겼다는 말보다 예쁘다는 말을 더 좋아한다면서 축제 때 여장한 것을 자랑스럽게 보여 주기도 했다.

'루이'도 꺼삐와 비슷했다. 그런데 둘 다 일을 처리하는 능력이 탁월하고 재주가 많아서 학교의 모든 행사를 주도적으로 진행했다. 또한 그들은 운동을 아주 좋아해서 학교를 대표하는 배구 선수이기도 했다. 그렇기 때문에 사람들이 무척 좋아하는 편이고 그들을 따르는 사람들도 많았다.

학생 중에 까터이를 직접 가르쳐 본 적은 없는데 톰보이는 몇 명 있었다. 여학생 중에 남성적인 기질을 가졌거나 외모가 터프하게 생긴 학생들이 남자의 역할을 하면서 여학생과 어울렸다. 여학생들이 그 톰보이를 중심으로 모였고 인기도 좋았다. 톰보이 여학생과 이야기를 해보니 일반적인 여학생과는 성향이 확실히 달랐다.

인문대학의 교수 중에도 까터이가 요직에 있는 것을 보면 교육 사회

01. 바닷가에 조형물 설치하기

02. 물대포와의 전쟁

03. 부라파대학교 앞에서 까터이와 함께

에서는 까터이에 대한 편견이 없는 것 같았다. 나도 그들과 생활을 같이하다 보니 성적 취향이 다를 뿐이므로 색안경을 끼고 보지 말고 각자의 성향을 존중해 주는 것이 당연하다고 생각되었다. 남성과 여성의 이분법적인 잣대로만 보지 않는 태국 사회가 우리보다 훨씬 유연한 사고방식을 가진 것 같았다.

태국의 최대 축제인 쏭클란은 우리나라 설날과 같이 전 태국인이 고향으로 대이동을 하는 명절이다. 우리가 새해 덕담을 하듯이 이곳 사람들은 물을 뿌리며 축복을 해주는데, 축제 기간에 밖에 나갈 때는 물벼락을 맞을 각오를 해야 할 정도로 골목마다 물 뿌리는 사람들이 장사진을 치고 있다.

쏭클란 축제를 처음 맞이했을 때는 방콕에서 현지훈련을 마칠 즈음이었다. 동기들은 준비를 단단히 하고 물총을 들고 사람들이 가장 많이 모여든다는 카오산 로드로 가보았다. 정말 세계 각지에서 모여든 외국인들과 현지인들로 꽉 차서 떠밀려 다니는 듯했다. 떠들썩한 음악 소리가 나오는 가운데 상가에서 준비한 물대포를 맞기도 하고, 크고 작은 물총을 준비한 사람들이 공격하고 방어하는 물총 싸움도 하면서 즐거워했다. 젊은 사람들은 횟가루를 물에 갠 것을 이성의 얼굴에 발라주며 호감을 보이기도 했다.

두 번째 맞은 쏭클란 축제 때는 학교에서 진행하는 행사에 참여했다. 꺼삐와 루이에게 동기 단원도 참여하고 싶다고 했더니 환영한다고 해서 다솔, 진희, 윤희 단원이 왔다. 우선 방센 바닷가에 기관별로 조형물을 만드는 일을 거들었다. 우리는 쏭클란 축제 때 입는 알록달록한 남방을 하나씩 얻어 입고 모래밭에 앉아서 미즈를 꿰는 일을 도왔다. 그리고는 기관별로 상징물과 미녀들을 태운 퍼레이드 차를 준비하여 물을 싣고 다니면서 길가에 있는 주민들에게 물을 뿌리는 행사에 참여했다. 두 시간 정도 대로를 천천히 걸어서 바닷가로 갔다. 중간중간에 주민들이 먹을 것을 주며 아는 사람들끼리 안부를 묻는 모습이 보기 좋았고 마을 잔치같았다. 마을공동체가 살아 있는 행사였다.

다음 날 부라파 앞 대학교 대로에서 벌어지는 축제장으로 갔다. 꺼삐와 루이의 오토바이를 타고 갔더니 온갖 승용차와 짐차가 총 출동한 것처럼 길에 가득했다. 차마다 음악을 크게 틀어놓고 물을 바가지로 퍼서 뿌리기도 하고 춤을 추며 기도하며 천천히 바닷가 방향으로 움직이고 있었다. 아이들까지 나와서 신나게 놀았다.

꺼삐와 루이의 카터이 친구들이 다 모여들었다. 그들과 어울려 신나게 음악에 맞춰 놀다가 틈나는 대로 음식을 나누어 먹으며 재미있는 시간을 보냈다. 예쁜 우리 단원들은 현지인들의 이목을 끌었고 그들과 어우러져 흥겹게 축제를 즐겼다.

수코타이에서 보낸 러이끄라통

휘영청 보름달이 밝게 빛나는 동쪽 하늘에도 남쪽 하늘에도 '콤'이라고 하는 등이 하늘로 수없이 떠오른다. 달을 향해 줄지어 올라가기도 하고 바람을 따라 천천히 유선을 그리며 올라가기도 한다. 드문드문 얇게 깔린 구름이 그 아름다움을 더해 주고 있다.

하나, 둘, 셋… 삼십, 사십, 오십… 백…

콤의 숫자를 세다가 그만두었다. 끝없이 올라갔기 때문이다. 한참 있다가 다시 나가 보아도 계속되었다. 커다란 저수지 근처에 차들이 수없이 주차되어 있더니만 밤이 되자 폭죽을 터트리며 '콤'을 하늘로 띄우는

01. 02. 수코타이

03. 부처님의 손 끝

04. 역사극 공연

01

02

03

04

'콤 러이'가 시작된 것이다.

그 '콤 러이'를 수코타이에서 처음 보았다.

러이끄라통 축제는 치앙마이와 수코타이에서 열리는 축제가 제일 볼 만하다고 알려져 있고, 태국의 첫 번째 수도였던 수코타이에 한번 가볼 만한 곳이라고 소개한 사람들이 많아서 축제기간에 수코타이로 갔다.

우선 유적지를 둘러보았더니 수코타이는 아유타야와는 분위기가 많이 달랐다. 많은 유적들이 사라졌다고 하지만 웅장한 느낌이 그대로 전해졌다. 왓 마하탓을 비롯하여 왓 시춤의 부처님도 단순하고 우직하지만 그만큼 원시적인 힘이 느껴졌다.

부처님들의 표정이 참으로 다양했는데 각각이 주는 느낌이 강렬하게 와닿았다. 때로는 근엄해서 경건해지기도 하고, 때로는 부드럽게 감싸 주듯 푸근해서 그 아래 한참 동안 앉아 있기도 했다. 어떤 것은 너무나 투박하고 질박해서 미소가 지어지는 것도 있었다.

축제 기간이 아닐 때는 그저 조용한 시골마을이라고 하더니 그럴 것 같았다. 유적지인 역사 공원이 있는 구시가지는 평지로 되어 있어서 자전거를 타고 돌아볼 수 있었고, 조금 떨어진 왓 사판힌도 자전거로 충분히 갈 수 있는 거리였다.

특히 왓 사판힌은 인상적이었다. 왓 사판힌은 나지막한 산에 위치한 사원으로 '돌다리 절'이라는 뜻이다. 산의 지형을 따라 넓고 평평한 돌들을 징검다리처럼 혹은 계단처럼 쌓은 길 때문이다. 그 돌다리를 따라 올라가니 전망이 좋았고, 그곳에 왓 마하탓 방향을 바라보고 있는 부처님이 있었다.

역사 공원 안에는 축제의 분위기가 한껏 올라 있었다. 먹거리와 볼거리가 많았고, 축제 기간이라고 가격이 턱없이 비싸지 않았다. 축제를 즐기러 오는 사람들이 거의 태국인이어서 그런 것 같았다.

해가 지고 나니 분위기는 더욱 고조되었다. 끄라통을 물에 띄우는 러이끄라통을 하러 온 사람들과 공연을 보러 온 사람들로 가득 찼다.

첫 번째 왕국의 유적지가 700년 이상 그대로 보존되어 있는 역사 공원이 무대가 되어 200명 이상의 배우들이 한 시간가량의 역사극을 펼치는데 러이끄라통 축제 기간에만 한다고 했다. 낮에 역사 공원을 둘러볼 때, 왓 마하탓 주위에서 공연을 준비하는 배우들과 학생들이 전통의상을 갖춰 입거나 화장을 하기도 하고, 한쪽에서는 춤 연습 하는 것을 보았다.

공연을 볼까 말까 망설이다가 겨우 끝자락의 표를 사서 보았는데 안 봤으면 후회할 뻔했다. 깜깜한 밤에 유적을 배경으로 하여 원시적인 음악이 흐르니 과거로 돌아간 느낌이 들고 많은 인원이 무대에서 펼치는 웅장한 공연은 볼 만했다. 특히 공연이 끝날 때 쯤, 하나둘 차례로 띄워 올리는 '콤'은 어둠 속에서 별처럼 보였다. 콤 러이가 시작되자 나도 모르게 콤에 소망을 실어서 하늘 높이 보내며 아름다운 밤하늘을 한없이 바라보고 있었다.

새벽에 출발해서 하룻밤을 자고 밤차로 내려오는 빠듯한 일정이어서 힘들기는 했어도 오래오래 기억에 남을 여행이었다.

무시무시한 낀째 축제

10월 짧은 방학 중에 남부로 여행을 떠났다. 한국에서 친구가 와서 일주일가량 함께했다.

제임스본드 섬으로 유명한 팡아만에 있는 파니 섬 수상가옥에서 환상적인 하룻밤을 보내고 푸켓으로 가는 길에 '낀째 축제'를 즐기는 사람들을 보았다. '채식주의자 축제'라고도 하는 행사인데 130년 역사를 지닌 중국계 태국인의 축제로, 약 250년 전 푸껫에 말라리아가 널리 퍼졌을 때 중국 경극단이 말라리아 퇴치를 위해 채식을 하며 꼬챙이로 살갗을 뚫는 기행을 한 것이 이 축제의 시작이라고 한다.

책에서 본 바로는 축제 기간이 10월 중순경이어서 날짜가 안 맞아서 못 보는 줄 알았다. 그런데 썽태우를 타고 가면서 운전수가 퍼레이드 하는 사람들에 대해 설명을 하는데 바로 그 축제였던 것이다. 너무나 반가웠다.

축제는 대단했다. 퍼레이드에 어린이들도 악기를 들고 동참했고, 길가에는 음식을 차려 놓고 나누어 주는 주민들의 행렬도 길게 늘어서 있었다. 신을 영접한 사람들이 맨발로 불 위를 걷는다고 하더니 퍼레이드가 가까워 오자 화약을 터트렸다. 화약 냄새가 진동했다.

책에서 본 것처럼 입 옆에 구멍을 내어 화살이나 꼬챙이를 끼웠는데 작은 것뿐만 아니라 길고 무거워 보이는 것도 있었다. 그것도 한두 개가 아니라 여러 개를 꽂은 사람들이 많았고, 칼이나 도끼를 혀에다 갈아서 피가 흐르는 사람들도 있었다. 좀 무서웠다. 친구는 처음부터 무섭다면서 아예 뒤쪽에 서서 보았다. 나는 무서움을 무릅쓰고 카메라를

01

02

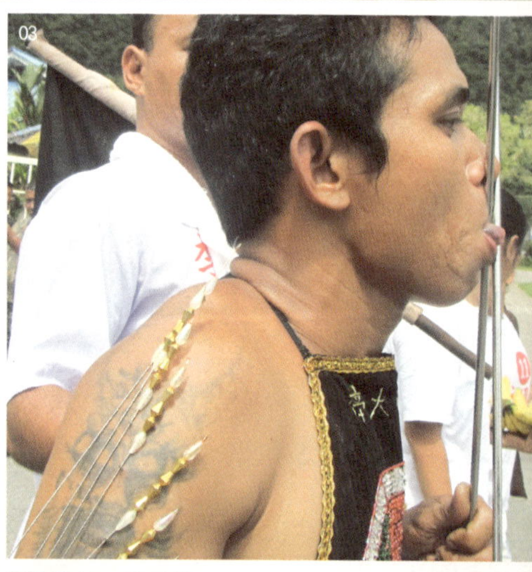

03

04

05

들이댔는데 제지하지 않았다. 어떤 사람들은 고개를 절레절레 흔들면서 지나갔는데 무슨 신이 들린 사람들 같았고, 흰옷을 입은 무당처럼 생긴 여자는 어떤 남자가 다가가서 예를 차리니 축복해 주었다. 너무나 정성스럽게 해주었고 그 남자는 아주 공손하게 따랐다. 참가자들은 축제 기간에 흰색 옷을 입고 금욕생활을 하는 의미 있는 축제라고는 하나 일반인이 보기에는 좀 과격하고 끔찍하게 보였다.

◀ 01. 볼을 뚫은 참가자 / 02. 축복을 받는 참가자 / 03. 혀를 뚫은 참가자 / 04. 화약의 잔재들 / 05. 칼로 수련하는 참가자

자연과 어우러져 살기

눈이 호사하고 귀가 호사한다

현지훈련기간 동안 콘켄에 봉사활동 갔을 때 밤새도록 짐승 우는 소리와 새소리 때문에 깊은 잠을 이루지 못했다. 그래서 시골 생활에 잘 적응할 수 있을지 자못 걱정이 되었다. 그런데 홈스테이 하는 집은 다행히도 고요했다. 풀벌레 소리만 자장가처럼 들려와 쉽게 꿈나라로 빠져들 수 있었다.

대신 아침에는 일찍 일어나야 했다. 5시쯤 닭들이 목이 찢어져라 홰를 치고 그에 화답하듯이 개들이 짖어 댔다. 늦잠을 잘 수는 없었지만 잠을 많이 자지 않아도 몸이 개운했다. 사방으로 난 창문을 열어젖히면 병풍 같은 산이 눈에 들어오고, 새들의 맑고 고운 소리 또한 요란했다.

태국에 와서 좋은 점 중의 하나는 아름다운 하늘을 실컷 볼 수 있는 것이다. 고갱이 남국에 갔다가 돌아가지 않은 이유를 조금은 알 것 같다. 매일 동쪽으로 난 큰 창문을 통해 동이 터오는 것을 느끼며 깨어나서 새벽하늘을 바라보면 해 뜨는 광경이 너무 아름다워 한참 동안 서 있을 때도 많다.

한낮의 열기가 뜨거워서인가 붉은 노을 또한 아름답기 그지없다. 저녁에 운동하러 갈 때, 노을을 바라보는 것이 큰 즐거움 중의 하나이다. 높지도 낮지도 않게 층을 이루고 있는 구름에 반사되는 빛깔, 새빨간 주홍빛 바다가 열대의 나무들과 어우러진 풍경이 어찌나 아름다운지. 날이 맑으면 맑은 대로, 구름이 있으면 있는 대로, 흐리면 흐린 대로 풍경이 장관이다. 눈으로 사진을 찍고 또 찍었다.

'모든 것은 지나간다. 이 순간을 즐기자.'

쌍무지개를 보다

어느 날, 밤새도록 내린 비가 잦아들더니 환해지는 느낌이 들었다. 창문을 보니 일출이 시작되었고 붉은 기운이 감도는 햇살이 퍼지고 있었다. 아름다운 광경이었다.

무지개 뜬 본관

서둘러 카메라를 찾아서 한 컷 찍었다. 그것으로 만족할 수 없었다. 옷을 재빨리 갈아입고 밖으로 나갔다. 시시각각으로 변하는 빛을 따라 거의 뛰는 걸음으로 계단을 내려가 바나나 밭이 있는 길로 갔다. 벌써 하늘의 기운이 붉은 색을 잃고 있었다.

아쉬운 마음으로 집에 돌아왔다.

옷을 갈아입기가 아쉬워 남쪽으로 난 창문을 보니 아침 햇살이 동네를 환하게 비추었다. 매일 보는 풍경이지만 새로웠다. 다시 카메라를 들고 그 쪽으로 나갔다.

마을 사진을 한 장 찍고 동쪽으로 보니 호수 쪽 풍경이 좋았다. 셔터를 누르니 하늘이 황금색으로 보였다. 눈에는 그렇게 보이지 않는데 카메라는 황금색으로 인식하는 것이었다. 서쪽 방향으로 몇 컷을 더 찍어 보았다. 빛의 색이 달라지는 것을 느낄 수 있었다.

그런데 서쪽 하늘에 커다란 무지개가 걸려 있는 것이 아닌가! 언제 그리도 선명한 무지개를 본 적이 있었는가 싶었다. 파란 하늘에 신기루 같았다. 갑자기 가슴이 뛰기 시작했다. 무지개가 사라질까 조마조마한 마음으로 열심히 눈에 담았다. 그 옆에 또 하나의 무지개가 떠 있었다. 쌍무지개였다! 너무나 아름다웠다. 얼른 밖으로 나와 반대편인 오른쪽의 무지개를 보러 갔다. 거기에서는 무지개의 둥근 전체 모양을 볼 수 있었다. 황홀했다. 황홀하다는 표현 외에는 달리 생각나지 않았다.

이 멋진 광경을 혼자 감상하는 것이 아까워서 주위에 이야기하고 싶었지만 너무 이른 시간이었다.

카메라에 담아 보려 했지만 무지개가 너무나 커서 불가능했다. 학교 가는 길이 넓은 벌판이니 혹여 다 담길지 모른다는 기대감을 가지고 뛰어 나갔다. 이른 아침부터 이리저리 뛰어다니는 내 모습이 웃겼다.

역시 넓은 곳으로 나와서 보니 더 멋졌지만 카메라에 다 담는 것은 무리였다. 그런데 참으로 이상한 것은 무지개를 쫓아 몸이 따라가는 것

01. 한낮

02. 일출

03. 일몰

04. 카오야이국립공원에서 가장 큰 나무

이었다. 좀 더 가까이 좀 더 가까이.

그런데 무지개가 학교 본관 건물 위에 꽂혀 있는 것이 아닌가!

좋은 징조라 여길 만한 장면이었다. 동쪽으로는 밝은 햇살이 비치고 건물 위로는 무지개가 솟아오르는 것처럼 보였다.

그런데 아직 완전히 날이 갠 것은 아니어서 구름이 지나가고 있었다. 구름이 없는 맑은 하늘에 뜬 무지개와 본관 건물을 찍으려고 기다리는 동안 무지개는 서서히 빛을 잃어 갔다. 불과 한두 컷 찍고 나니 완전히 사라졌다.

집으로 오면서 뒤를 돌아 무지개가 있던 곳을 쳐다보았다. 회색빛 구름만 잔뜩 끼어 있었다. 언제 무지개가 있었던가 싶은 하늘이었다. 하늘을 사랑하다 보니 하늘이 잠깐 보여준 깜짝쇼 같았다.

아지터

짠타부리 집에서 가까운 곳에 국립공원이 있다. 산이 깊어서 계곡마다 물이 넘쳐나며 경치가 아름다울 뿐만 아니라 숲으로 들어가면 밀림 속과 같은 느낌이 든다. 우기에는 더욱 그러했는데 숲이 우거져서 혼자 있으면 무서울 정도였다.

공원 안에 통나무집만 몇 동 지어 놓아서 조용하게 쉴 수 있는 아름다운 곳인데 워낙 방콕에서 멀리 떨어진 시골에 있어서 그런지 주말에나 사람들이 있을 뿐 평소에는 한적했다.

이 국립공원이 내가 즐겨 찾는 곳이었다. 국립공원이기 때문에 입장료는 내야 하지만 우리 학교 교직원들은 자유롭게 출입할 수 있도록 이야기가 되어 있어서 마음 놓고 다닐 수 있었다. 그래서 거의 매일 자전거를 타고 한 바퀴 돌거나 걸어서 산책을 했고, 주말에는 가끔 등산을 했다. 특히 마음이 울적하고 힘들 때면 발길이 거기로 향했는데 그럴 때 그곳은 마음을 평화롭게 해주는 나의 위로처였다.

이 국립공원에는 13개의 폭포가 있다. 13폭포는 학교 교정에서 봐도 보일 정도로 크다. 거기에 이르는 길이 험해서 건기인 12월에서 3월까지만 갈 수 있다. 폭포 소리가 얼마나 우렁찬지 주위가 조용할 때는 집에서도 그 소리가 들린다.

내가 머무는 동안은 우기여서 9폭포까지만 가보았다. 제1폭포부터 볼 만하기는 하지만 제9폭포는 정말 대단했다. 폭포의 길이도 최고였고 수량도 엄청났다. 물이 부서져 내리는 기세가 대단해서 감히 카메라를 갖다 대기도 어려웠다.

산을 올라가다 보면 숲이 우거져서 놀 수 있는 곳이 많이 나오는데 그중에서 내 아지트는 3폭포에 있었다. 크고 넓적한 바위에 약간 패인 곳이 있는데 앉아서 쉬기에 안성맞춤이었다. 물이 얕아서 몸을 누이면 폭포에서 흐르는 물로 등줄기가 시원했다. 꼭 비치 의자에 누워 있는 것처럼 편안했고 눈을 뜨면 높이 솟은 나무가 눈을 시원하게 해주었다 더할 수 없이 좋은 휴식 장소였다.

촌부리에서 골프장의 잔디 깎는 기계음으로 머리가 아파서 탈출할 때 자전거를 타고 학교를 둘러보다가 OJT 기간에 가보았던 활주로와 연꽃 시험장에 가보았다.

거기서 연꽃 분야에 세계적인 명성이 있는 아짠 노를 만난 적이 있었다. 그 교수는 하나의 줄기에서 한 가지 색의 연꽃만 피는 것이 아니라 몇 가지 색으로 필 수 있다는 것을 보여 주더니, 한 가지 색도 얼마나 다양하게 피는지도 보여 주었다. 그리고 가장 큰 연꽃과 손톱보다 더 작은 연꽃, 국제대회에서 우승을 한 연꽃까지 자랑스럽게 보여 주었다.

그 교수의 기술을 가져가고 싶어 하는 사람이 줄을 설 정도로 많은데 정부에서 지원이 제대로 되지 않아 안타깝다고 옆에서 안내하던 사

01. 키차쿳 국립공원의 13폭포 / 02. 제9폭포

람이 말해 주었다. 돈이 되는 일이 아니다 보니 제자도 오래 버티지 못하고 정년퇴직한 교수가 어렵사리 지키고 있는 것이라고 했다. 노교수님이 어찌나 시종일관 진지하게 설명해 주시고 심혈을 기울인 흔적이 역력해 존경심이 생겼다. 가시연과 빅토리아연을 보고 흥미로워 했더니 교수님이 언제든지 구경하러 오라고 했다.

연꽃 실습장 입구에는 탁자를 놓고 덩굴식물로 꾸며 놓은 쉼터가 있어서 안성맞춤이었다. '집에서 그리 멀지 않은 곳에 이렇게 좋은 곳이 있다니…' 그래서 경비를 서는 사람에게 신분을 밝히고 내 아지트로 삼았다.

01. 3가지 색으로 피는 연꽃 / 02. 연꽃 시험장의 노교수 / 03. 손톱만 한 연꽃

편견을 버리다

몇 년 전부터 숲해설가 공부를 하면서 식물과 점차 친해질 수 있었다. 늘 보는 나무와 풀들에 대해서 얼마나 무지했는지 부끄러워하면서 하나씩 알아가고 친구가 되었다. 그렇게 6년이 흘렀다.

많은 일들이 있었고 참으로 행복한 시간을 보냈다. 내가 살아 있는 것이 그네들의 공이라는 것에 더욱 감사하게 되었고, 그들로 인해 좋은 사람도 많이 만나서 더없이 행복한 시간을 보냈다.

그러나 지금 돌이켜보면 식물에 대해서 배타적인 생각을 가지고 있었음을 고백하지 않을 수 없다. 우리 토종식물을 너무 사랑한 나머지 외래 식물에 대해 무시하고 때로는 적대감을 갖기도 했던 것이다.

방콕에서 현지훈련을 받을 때 지천으로 핀 꽃을 보며 '여기는 겨울이 없는 나라이니 꽃이 많은 것은 당연한 것 아닌가?'라고 생각했다.

그리고 그다지 예뻐 보이지도 않았다. 심지어 '리라와디'라고 하는 하얗고 예쁜 꽃을 보고 가까이 가서 향기를 맡으면서도 꼬투리를 잡았다.

'향기는 좋은데 너무 단순하게 생겼어.'

그렇게 지내다가 짠따부리에 왔다. 마을 전체가 숲이 우거지고 캠퍼스는 조경이 잘되어 있고, 폭포에서 내려온 물로 인해 수생식물까지 더해져 사시사철 꽃들이 만발했다.

그 꽃들이 어찌나 아름답고, 식물들이 만들어 내는 스카이라인이 어찌나 아름다운지 그림을 그리고 싶은 충동까지 일 정도였다.

마침 유숙소에 있는 황대권 씨의 《야생초편지》를 빌려 읽고 있었는데, 거기에 나온 이해인 수녀님과 편집자 나무선 씨의 프롤로그를 보면서 나의 생각을 고쳤다. 모든 생명은 아름답고 존중받아야 한다는 것. 아무리 작은 생명이라도 소중하게 생각해야 한다는 것. 내 것이 소중하면 남의 것도 소중하다는 것이다.

우리의 것을 바로 알고 지켜나가야 하겠지만, 우리 것만 고수하는 것은 바람직한 태도가 아니었다. 상대방을 존중하고 알려고 노력하는 태도가 식물에게도 필요했다.

01, 02. 리라와디

5장

이방인으로 살기

녹녹치 않은 현지 생활

날씨와 벌레

정말 너무너무 덥다. 견디기가 힘들 정도다.

우기가 시작되기 전인 3~4월은 상상 이상이다. 쏭클란 축제가 열리는 4월에는 40도가 넘는 경우도 많다. 짠타부리에서 산 가까이 살 때는 아침저녁으로 좀 선선할 때도 있었는데 촌부리로 오고 나서는 그렇지 않다. 겨울(12월~2월)이라고 해도 한낮에 덥기는 마찬가지다.

아침에 출근 준비를 할 때 땀이 나서 화장하기가 어려울 때가 많다. 자외선이 차단되는 화장품을 이중으로 바르고, 8시경에 출근하는데도 선글라스를 껴야 한다. 햇빛이 강해서 눈이 많이 나빠졌다.

날씨가 더우니 머리는 묶고 다니는 것이 가장 좋고, 땀을 닦는 손수건은 꼭 챙겨야 하는 필수품이다. 긴바지는 거의 입지 못하고, 치마나 짧은 바지를 주로 입는다. 5분 정도 자전거를 타고 출근하는데 땀이 비 오듯 흘러내린다.

수업하는 교실에는 에어컨이 없다. 에어컨이 있는 교실이 몇 개 있기는 해도 내 차지가 되기 어렵다. 그래서 수업 시간 10분 전에 가서 창

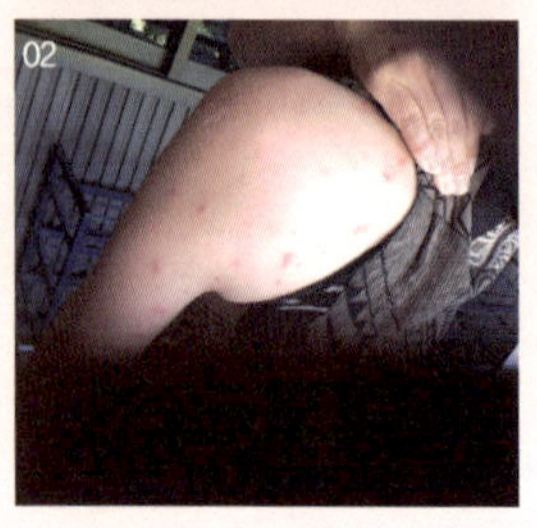

01. 솜털 같은 벌레들
02. 벌레에 물린 자국

문을 열고 선풍기를 틀어 놓아야 한다. 3시간 연장을 하고 나면 파김치가 된다.

아침저녁으로 샤워를 두 번 하는 것은 기본이다. 사무실에서는 에어컨, 집에서는 선풍기를 거의 틀어 놓고 사니 얼굴에 주름이 얼마나 느는지.

더위 못지않게 힘든 것은 벌레이다.

홈스테이 할 때, 달빛도 없는 깜깜한 밤에 벽 쪽으로 밝은 연녹색 물체가 움직였다. 태국어로 '힝허이'라고 부르는 반딧불이다. 언제 보았던가 싶은 반딧불을 보니 반갑기는 했지만 좋아만 할 일이 아니었다. 일년 사시사철 기온이 높아서 나무와 풀이 무성하니 벌레가 엄청나게 많았다. 벌레 천국이다.

창문마다 방충망을 해 놓아도 어느 새 모기는 물론이고 벌레들이 침범한다. 집에서 식사를 하다 보니 개미가 꼬이지 않게 머리 싸움도 해야 한다. 어쩔 수 없을 경우에 약을 치기는 해도 그때뿐이다.

벌레에 물려서 약국과 병원에 간 것이 한두 번이 아니다. 모기의 종류도 다른 것 같다. 옷을 입고 있어도 문다. KOICA에서 보내준 '버물리'는 효과가 없다. 현지인들이 바르는 약을 사서 발라야 하고, 때로는 약을 먹어야 가라앉을 때도 있다.

한동안 등이 물려서 울긋불긋해지고, 어떤 날은 얼굴을 물려서 형편없이 되기도 한다. 병원에 갔더니 집에 벌레가 묻어 들어와서 무는 것이라고 했다. 약을 쳤더니 새까만 조그만 벌레들이 나왔다.

열대지방에서는 사람을 공격하는 것이 우리가 아는 모기와 개미만이 아니라, 이름 모르는 수많은 벌레들이 있고, 현지인은 가볍게 지나가는 것이 나와 같은 외국인은 힘들 수 있다.

'모기 없는 세상에 살고 싶다! 벌레야 무섭다!'

홈스테이

일반적으로 단원들이 홈스테이를 하는 경우는 드물다. 나도 한 달만 있으면 된다고 했기에 학교 측의 제안에 순순히 응했다. 한 달은 어떻게든 지낼 수 있을 것 같았다. 그런데 한 달이 한 학기가 되면서 고민이 되었다. 하지만 홈스테이를 안 하겠다고 할 상황이 못 되었고, 워낙 시골이어서 마땅한 곳도 없었다.

같이 살면 불편한 점은 있겠지만 혼자 사는 것보다 덜 외롭고 태국 문화를 직접적으로 접할 좋은 기회가 될 거라고 생각했는데 마음이 통하지 않는 사람과 함께 사는 것은 힘들었다.

나보다 열 살 어린 아짠 앳이 처음에는 비교적 잘해 주었기 때문에 나도 언니 동생처럼 잘 지낼 수 있을 것이라 여겼다. 그런데 지내면서 뭔지 모르지만 어떤 거리감이 느껴졌다.

그 거리감의 이유는 머지않아 알게 되었다. KOICA 단원을 파견하는 목적이 무엇이냐고 앳이 직설적으로 물었던 것이다. 일반적으로 봉사자에 대한 두 가지 시선이 있다. 감사함과 불편함이다. 앳이 자신의 나라에 대해 자존감이 높다는 것을 알고는 있었지만, 나의 신분이 봉사자라는 것에 대한 불편한 정서가 있다는 것을 처음엔 눈치채지 못했다.

앳의 질문에 나는 태국이 한국전쟁에 도와준 것처럼 한국과 태국 간의 우의를 돈독하게 하기 위해서 왔다고 대답을 했다. 나에게 그렇게 묻는 의도가 뭔지 정확히 모르겠지만 서로를 알게 되기까지 시간이 필요한 것이고, 변함없이 호의를 가지고 대하면 진심은 통할 것이라고 믿었다.

그러나 교재 선택 사건을 겪으면서 흔들렸다. 개학이 불과 며칠 안 남았을 때, 코워커 쑥이 내가 선택한 교재가 적합하지 않다며 서점에 가서 교재를 바꿔야 한다고 말했다. 어이가 없었다. OJT 기간에 부총장을 만났을 때 교재며 수업 내용은 나에게 일임한다고 했고, 짠타부리에 오자마자 코워커에게 내가 가르칠 책을 보여 주었고 그 교재에 대한 보조자료를 만들고 수업 준비를 한 달 이상 해왔던 상황이었다.

짠타부리로 와서 한 학기 수업을 하겠다는 답을 할 때까지 일주일은 호의를 베풀다가 그 이후에는 무관심, 무책임해서 기분이 언짢은 상태였는데 느닷없이 교재 운운해서 화가 났다.

"도대체 뭐 때문에 교재를 바꾸라고 하는 거예요?"

마음을 진정시키고 그 이유가 무엇인지 물어보았다. 그녀의 상관인 부학장이 책을 보더니 태국 학생을 위한 성조 표시가 안 되어 있고, 글자를 가르치는 내용이 없어서 그렇다고 했다. 태국어와 한국어는 다르기 때문에 성조 표시를 할 필요가 없고, 따로 준비한 한글 교재가 있다고 강력하게 반론을 제기해서 마무리가 되었는데 그 과정에서 앳의 태도에 실망한 것이다.

언니 동생으로 지내자고 했던 친밀감은 어디 갔는지 없고 냉랭한 표정으로 위에서 정한 것이니 따라야 한다는 태도를 취했다. 옆에서 내가 얼마나 열심히 수업 준비를 해왔는지 지켜본 사람이었기 때문에 얼마든지 나의 입장을 물어볼 수 있었는데 그러지 않았다. 나는 교재 선택권을 존중할 줄 모르는 부학장이나 아무 생각 없이 전달하는 코워커보다 한집에서 가족처럼 지냈다고 생각했던 앳에게 가장 실망했다.

그 뒤로 언짢은 일과 이해하기 힘든 일이 열거할 수 없을 정도로 많았다. 그리고 나에게 미안한 일을 하고도 절대로 미안하다는 말을 하지 않았다. 대신 친절 모드로 바뀌었다.

한번은 많이 미안했는지 마당에 있는 잭프르트('카눈'이라고도 함)를 따서 준비해 두었다가 내가 집에 들어가자 다듬기 시작했다. 그 과일은 너무 크고 손질이 까다로워서 아무나 할 수가 없었다. 미안하기는 미안한가 보다 하고 사과를 받아주며 마주 앉아서 아무렇지도 않은 듯이 이야기를 나누며 맛있게 먹었다.

저건 못 먹는 거야. 주문을 걸던 잭프르트

그날 이후 주렁주렁 달린 잭프르트를 한 번 더 먹은 일이 없었다. 내가 좋아하는 줄 뻔히 알면서도 이런저런 핑계를 대며 따지 않았다. 내가 손질하겠다고 해도 듣는 둥 마는 둥 했다. 그래서 그 과일들이 떨어져 썩어서 냄새가 진동하고 그 냄새가 사라질 때까지 나는 주문을 외울 수 밖에 없었다.

'저건 먹을 수 있는 게 아냐. 저건 못 먹는 거야.'

그런데 촌부리로 옮긴 다음 이상한 현상이 나타났다. 잭프르트를 보면 무조건 먹고 싶은 것이었다. 볼 때마다 한 봉지씩 사서 꾸역꾸역 먹었다. 냄새가 좀 있어서 못 먹겠다는 사람도 있었으나 나는 그렇게 맛있을 수가 없었다. 그 증상은 몇 달 동안 지속되었다.

'처음처럼.'

이해할 수 없는 일이 생기더라도 앳을 동생처럼 여기기로 했던 첫 마음을 유지하려고 노력했다. 나와 같이 사는 것이 좋고 내가 잘 지내도록 도와주는 것이 기쁨이라고 했던 앳의 말이 진심이라고 나를 세뇌했다.

'어쨌든 자신의 집에 머물게 해주었으니 고마운 마음만 간직하자. 단점 없는 사람이 어디 있는가. 악의가 있는 사람은 아니지 않은가. 어린 동생이라고 생각하고 이해하는 거다. 아이 없이 살다 보니 아직 아이 같은 동생이다. 나를 아직 제대로 모르는 동생이다. 같은 한국인이라도 서로를 아는 데 시간이 걸리는데 말이 다르고 문화가 다르니 시간이 더 필요하지 않겠는가.'

이렇게 마음을 정리하고 일희일비 하지 않겠다고 몇 번이고 다짐했다.

봉사자라는 신분이 상대방의 마음을 불편하게 할 소지가 있고, 나도 모르게 잘못하는 것도 있을 수 있다고 생각하고 자세를 더 낮추었다.

"커 톳(미안해)."

내가 조금 실수했다 싶으면 먼저 미안하다고 했다. 그리고 내가 할 수 있는 일을 찾아서 하며 마음 넓은 언니, 동생을 아끼는 언니가 되기 위해 애썼다. 어떤 경우에도 목소리를 높이지 않았다.

그렇게 마음공부를 하면서 지냈지만 두세 달이 지나자 한계가 왔는지 자주 울컥하기도 하고, 홀로 눈물 바람으로 지내기도 했다. 타국에서 처음 접하는 일들을 겪으며 적응하기도 벅찰 때였는데 홈스테이 하면서 더 힘들었던 것이었다.

동기 단원과 가족의 힘으로 한 학기를 버텨내고, 마침내 짠타부리에서의 생활을 마무리하고 떠나게 되었을 때, 웃는 얼굴로 포옹을 하며 작별 인사를 나누었지만 형식적인 관계 그 이상도 이하도 아니었다.

외로움

현지에서 단원 생활을 한다는 것은 혼자서 지내는 것을 의미한다. 혼자 지내면 좋은 점도 있지만 많이 외로울 것이라며 예상하고 대비를 해서 떠나야 한다고 국내훈련 때 교육받았다. 나는 성격이 사교적인데다가 혼자서 잘 노는 편이어서 외로움 때문에 힘들 것이라 그다지 염려하지 않았다.

그런데 말이 다르고 생각이 다른 사람들 사이에서 지내야 하기 때문에 아무리 사람들과 좋은 관계를 맺고 있다고 해도 가끔 외로움을 느낄 수밖에 없었다. 특히 주말이 되면 외로움이 더 커졌다. 학생들과 교직원들은 가족을 찾아 집으로 돌아가서 학교가 절간같이 조용했기 때문이다. 게다가 마음이 잘 통하지 않는 사람과 홈스테이를 해야 하니 더 외로웠다.

평소에는 대수롭지 않게 여길 수 있는 일들이 마음이 약해지니 견디기 힘들었다. 홈스테이를 하면서도 거의 혼자서 밥을 먹고 알아서 청소를 하고 쓰레기를 버려야 하는 상황, 자전거를 타고 쓰레기를 버리러 가다가 넘어져서 손이 접질려도 아프다고 말하고 싶지 않은 상황, 브레이크도 안 듣는 고물 자전거를 타야 하는 상황, 시도 때도 없이 벌레에게 물려서 여기저기 울긋불긋한 상황들이 혼자 있을 때 더 서글프고 눈물 나게 했다.

물론 나의 상황을 알고 힘이 되어 준 사람들도 있었다. 특히 같은 사무실에 근무하는 책임자 아짠 남과 직원 어어는 업무적으로도 많은 도움을 주었을 뿐만 아니라 가슴 뭉클하게 감동을 준 사람이었다.

하루는 식사를 다 하고 과일을 먹고 있는데 집 근처에 사는 아짠 남이 부르는 소리가 났다. 아침 7시가 조금 넘은 이른 시간에 남자가 집에 오니 당황스러웠다. 옷도 잠옷 바람이어서 난감했다. 잠깐 기다리라고 하는데 듣지 못하고 커튼 아래로 음식이 든 그릇을 내밀었다.

전날 내가 음식을 보낸 그릇에 태국 음식을 담아 가지고 왔다. 음식만 밀어서 주고 서둘러 돌아가면서 혼잣말처럼 하는 말이 어제 가져다 준 음식이 맛있었다고 하는 것 같았다. 얼떨결에 받아들고 보니 닭고기로 만든 맑은 찌개였다. 맛을 보니 아주 담백하게 맛있었다. 눈물이 핑

돌면서 웃음이 나왔다. 마음으로 챙겨 주는 인간관계가 느껴지자 위로가 되었다.

직원 어어는 친구들과 시장에 갈 때 나를 챙겨서 갔다. 특히 기분이 우울해 보일 때 같이 가자고 권했다. 못 이기는 척 하고 따라가면 어어가 내 옆에 꼭 붙어 서서 맛있는 것을 권하기도 하고 궁금해 하는 것은 설명해 주면서 기분을 풀어 주었다. 정말 이것저것 푸짐하게 사서 나눠 먹고, 쌓아 놓고 먹으면 기분 전환이 되었다.

이렇듯 마음을 내어 주는 사람이 많았다. 나를 아는 교수들과 직원들, 복사실 직원과 청소하는 직원까지 나에게 따뜻한 말을 건네고 바라보는 이웃들이 있어서 견딜 수 있었다.

그리고 동기 단원들과 서로의 애로사항을 공감하면서 수다를 떨고 나면 기분이 좋아졌다. 동기들은 제2의 가족이었다.

뭐니 뭐니 해도 외로움을 극복하는 가장 좋은 방법은 가족을 보는 것이었다. 남편과 얼굴을 보면서 통화하기 위해 아이폰을 구입해서 왔지만 와이파이가 사무실에서만 되어서 자주 볼 수는 없었다. 그래도 한 번씩 보면서 이야기하고 나면 많이 위로가 되었다. 남편이 걱정할까 자세한 이야기는 할 수 없지만 혼자가 아니라 든든한 후원자가 있다는 것만으로도 좋았다.

그리고 이상하게도 집에서 인터넷은 안 되는데 스카이프가 연결될 때가 있어서 아버지, 엄마도 볼 수 있었다. 팔순을 넘긴 아버지가 기력이 약해지셔서 걱정했는데 가끔이라도 뵐 수 있으니 너무 좋았다. 아버지는 나를 보면 얼굴에 생기가 도는 것 같았고 한번 만나면 30분으로 부족했다. 특별히 할 말이 있어서가 아니라 그저 바라만 봐도 좋은 것 같았다. 나도 부모님을 보고 나면 외로움이 많이 사그라들었다. 그게 피를 나눈 가족인 것 같았다.

딸은 제일 먼저 나를 찾아 주었다. 가장 마음이 힘들 때 와서 너무나 고마웠다.

'이렇게 사랑하는 가족을 두고 내가 왜 생고생인가?'

딸을 안고 볼을 부비면서 이런 생각도 들었지만, 가족이 있으니 버틸 수 있는 거라고 마음을 바꾸었다.

'엄마 잘 지내시는 거 보니 저도 맘이 좋아요 ^.^ 엄마 생각하면서 더 열심히 살게요~~ 사랑해요. ♥♥♥'

딸이 돌아가서 보낸 글을 보고 심기일전했다.

'이제 외롭다는 생각에 사로잡히지 말고 마음을 잡자. 이 생활은 내가 선택한 것이다. 외롭다는 건 자유롭다는 다른 이름이다. 내가 누릴 수 있는 자유를 만끽하자.'

전원생활

내 방 천정에 새끼손가락만 한 도마뱀 '찡쪽' 서너 마리는 늘 왔다 갔다 한다. 가끔 벽에서 갑자기 나타나서 놀라기는 하지만 무섭지는 않다. 크기가 작은 것이 이유이기도 하지만 찡쪽이 다니면서 작은 벌레와 모기를 잡는 것 같기 때문이다. 찡쪽이 더 늘어날까 봐 걱정하지 않는

다. 고양이가 틈만 나면 잡기 때문이다. 이 작은 공간에서 먹이사슬이 작동하고 있다.

하지만 그것보다 엄청나게 더 크고 소리도 요란한 '뚝깨'는 태국 사람도 무서워한다. 그 뚝깨가 집 안으로 들어와 부엌 천장 위에서 며칠 동안 있어서 부엌에 들어갈 때마다 소름이 끼쳤다. 방에 들어오면 어쩌나 걱정했는데 다행히 얼마 후 사라졌다.

하루는 퇴근해서 집에 왔을 때 현관에 켜놓은 불 주위로 나방들이 날아다니고 있었다. 그 나방을 뚝깨가 잡아먹고 있어서 조심조심 집으로 들어왔다. 집 안에서는 고양이들이 문 앞에 모여 있었다. 내가 들어오면서 따라 들어온 나방들을 잡아먹기 위해 고양이들이 이리 뛰고 저리 뛰기 시작했다.

집에 들어가서는 환기를 시키려고 뒷문을 열었다. 그리고 전등을 평소처럼 켰다. 잠시 후, 난리가 났다. 나방들이 엄청나게 안으로 들어온 것이다. '앗차!' 싶었다. 얼른 문을 닫고 불을 껐으나 이미 때는 늦었다.

이미 안으로 들어온 나방 때문에 1층에 있을 수가 없었다. 바닥에는 작은 지렁이 같은 것이 기어 다니고 여치 같은 것도 있었다. 벌레 천국이었다.

할 수 없이 불을 끄고 현관문을 열어 놓고 2층으로 올라왔다. 내 방은 사방으로 모기장이 처져 있는데 어디로 들어왔는지 나방이 날아다니고, 그것을 잡아먹기 위해 찡쪽(작은 도마뱀)이 이리저리 설쳐댔다.

다음 날 아침에 내려가니 온 사방에 나방의 날개가 흩어져 있었다. 평소에도 아침저녁으로 빗자루로 쓸어내는 게 일이지만 그날처럼 나방의 날개를 쓸어 담아 본 적은 일찍이 없었다. 그래도 작고 긴 나방의 날개가 햇빛을 받으니 투명하게 아름다웠다.

태국에는 개가 정말 많다. '개의 천국이다' 라고 할 만하다.

여기 사람들은 개에 대해서 대체로 호의적이다. 개를 많이 키우고 있고, 길거리 개조차 불쌍하게 생각하고 먹을 것을 나누어 주는 사람이 많다. 집 앞에 밥 남은 것을 담아 놓은 그릇이 있는 집도 있다. 학교 식당에도 개 몇 마리가 이리 왔다 저리 갔다 하면서 먹을 것을 줄 만한 사람을 찾아다닌다. 어떤 개는 아예 옆에 죽치고 앉아서 불쌍한 눈으로 쳐다보고 있다. 그래도 아무도 개들을 쫓아 버리지 않는다. 그런 것을 보면 감정이 그리 메마르지 않았다는 느낌이 든다. 불쌍한 개를 학대하는 사람의 마음이 따뜻할 수는 없을 것이다.

길거리 개들은 밥을 얻어먹기 위해 순한 개들이 많은 편인데 집을 지키거나 동네를 지키는 개들은 아주 사납다. 눈빛과 표정이 장난이 아니다. 낯선 사람을 보면 눈빛과 짖는 소리만으로도 몰아낼 태세이다. 멀리서 낯선 발자국 소리만 들려도 짖기 시작하는 개도 있다. 그 개들이 어두워지면 떼로 몰려다니며 짖어 대고 패싸움을 하기도 하는데 밤에 하도 짖어서 잠을 설칠 때도 있다.

길에서 사나운 개를 만나면 사실 겁난다. 그렇더라도 겁먹지 않은 것처럼 강한 모습으로 "빠이(가)!" 하며 큰 소리로 제지하면 가까이 오지 않았다. 그런데 자전거를 타고 갈 때 개들이 따라오면 정말 식은땀이 난다. 가끔 단원들이 자전거를 타다가 물렸다는 말을 들었기 때문이다.

나도 한번 혼이 난 적이 있었다. 자전거로 산책하는 길에 농장이 있는데 그곳의 개들이 내가 지나갈 때마다 가까이 따라오면서 사납게 짖어 댔다. 그곳에서 일하는 사람이 제지를 해주었지만 늘 부담스러웠다.

어느 날, 아침 이른 시간에 개들이 없겠지 하고 지나는데 개 한 마리가 짖으며 따라붙기 시작했다. 그러더니 곧 대여섯 마리가 한꺼번에 몰려들었다. 뒤에서 따라오고 앞에서 나타나니 당황스러웠다. 소리를 지르며 눈빛으로 저지를 하는 것이 안 먹혀들었다. 자전거 페달을 힘껏 밟아서 벗어나려고 했더니 속도를 더 내며 따라와서 바로 뒤에까지 왔다. 계속 가다가는 발을 물 것 같았다. 그래서 핸들을 풀밭이 있는 오른쪽으로 꺾어 버렸다. 길이 없는 곳이라 곧 처박혀 넘어졌다.

개들이 달려들어 물면 어쩌나 겁을 먹고 있는데 다행히 멈춰 서서 자기 할 일을 다했다는 듯이 쳐다보면서 요란하게 짖어 대기만 했다. 두려운 마음을 누르고 천천히 일어서서 자전거를 끌고 길로 나갔더니 주인이 나타나서 개들을 데리고 갔다. 그때 생각만 해도 식은땀이 난다.

홈스테이 하는 집에 고양이 다섯 마리가 있다고 하기에 잘 지낼 수 있을까 걱정했는데 기우였다. 고양이에 대해 조금씩 알아 가면서 왜 고양이를 키우는지 알 것 같았다. 막연히 가지고 있던 '고양이는 요물'이라는 선입견과 두려움도 가셨다.

고양이들이 처음에는 내 주위를 한번씩 왔다 갔다 하면서 자신의 존재를 알리고, 멀리에서 보고 있다가 이층 내 방으로 들어가려고 계단으

01. 수업에 수시로 들어오는 개 / 02. 도로를 점령한 개

로 올라가면 잽싸게 내 발 밑에 따라붙었다. 방에 못 들어오게 하니 베란다로 향하는 방충망 앞에 와서 죽치고 앉아 있거나 지붕으로 와서 창문을 긁어 대기도 했다.

그런 녀석들이 귀여워서 처음에 머리와 목 주위를 쓰다듬어 주었는데 그 느낌이 좋아서 자꾸 만지고 싶어졌다. 쓰다듬어 주면 아주 순한 얼굴로 눈을 지그시 감는 모습이 너무나 귀엽고 예뻤다. 조금 친해졌을 때 용기를 내어 안아 보았더니 짝 달라붙으면서 아기를 안는 것처럼 느낌이 참 좋았다. '텅'이나 '펫'이 '아웅' 하는 소리를 낼 때는 정말 애기 소리 같았다. 개와는 다른 매력이 있었다.

간혹 다루는 방법이 미숙하여 긁힌 적이 있지만, 옆에 와서 비비기도 하고 드러눕기도 하며 지나면서 슬며시 꼬리로 문지르며 애정을 표현하는 게 예뻐서 방에 들어오게 하고 말았다.

그렇게 고양이들과 정이 드니 나도 모르게 고양이들의 밥을 챙겨 주게 되고 똥오줌도 치워 주게 되었다. 고양이털이 빠지는 것도 개의치

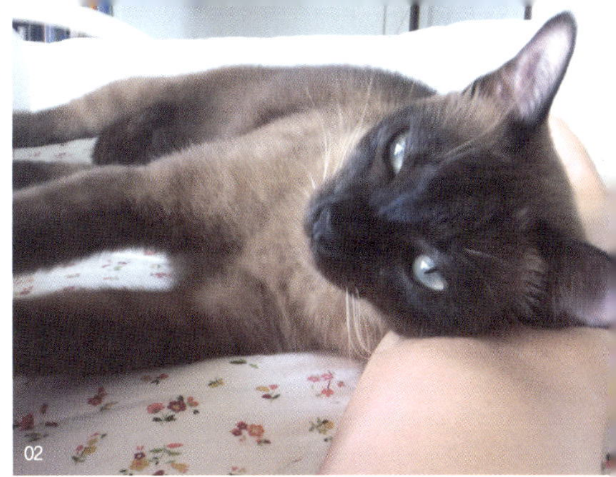

01. 전갈을 괴롭히는 고양이 / 02. 팔베개 하고 누운 고양이

않았다. 심지어 같이 자기도 했다.

"펫, 잘 잤어?"

"퍼이, 너무 먹지 마. 네가 제일 뚱뚱한 것 알지?"

고양이 다섯 마리는 성격이 다 달랐고 각기 다른 방식으로 내 마음을 끌었다.

고양이 다섯 마리 중의 우두머리는 퍼이이다. 눈빛과 표정이 예사롭지 않고 몸집도 다른 녀석과는 확실히 다르다. 엉덩이가 빵빵하다. 가기 싫은 곳으로 데리고 가면 몸부림을 치는데 그 힘이 장난이 아니다.

2인자로 호시탐탐 1인자의 자리를 노리는 응언은 독특한 애정 표현을 한다. 순하고 착한 녀석인 텅과 펫은 거의 내 무릎에서 놀았고, 까만색 빛나는 털을 가진 닌은 아주 영리해서 나를 앞질러 다녔다.

그런데 고양이의 본성은 모두 같았다. 안아줄 때나 비빌 때는 이빨과 발톱을 감추고 있지만, 마당에 조그만 다람쥐라도 나타나면 사냥꾼으로 바뀐다. 한번은 작은 도마뱀을 잡아서 가지고 노는 모습을 보았다. 꼬리가 잘려서 도망가는 놈을 물어다가 놓고 서로 주고받으며 장난쳤다. 다음 날 청소하다 보니 도마뱀의 모습이 처참했다.

언어 장벽

누구나 현지에 살면 현지어를 잘할 수 있을 거라 생각한다. 맞는 말이기도 하고 틀린 말인 것 같기도 하다. 국내훈련, 현지훈련 기간 동안 최소한의 의사소통을 할 수 있는 교육을 받아서 기본적인 생활하는 데는 문제가 없었다. 그래서 살면서 시간이 흐르면 잘할 수 있을 것 같았다. 그런데 그렇지 않았다.

게다가 나이는 어쩔 수 없었다. 젊은이들은 배운 것을 토대로 쭉쭉 뻗어나가는데 비해, 나는 배운 것을 기억했다고 하더라도 사용하지 않으면 잊어버리곤 했다. 현지인들은 내가 말은 물론 태국 글자도 읽고 쓸 줄 안다고 칭찬을 아끼지 않았지만 정작 본인은 늘 부족함과 답답함을 느꼈다.

그래서 노트를 정리해서 들고 다니며 익혔고, 국내훈련 때 받은 책을 다시 공부했다. 그때는 잘 이해가 되지 않았던 성조가 눈에 들어왔다. 책을 다 본 후에 회화 편을 하나씩 노트에 옮겨 적었다. 혼자 하면 하다가 그만둘 것 같아서 다솔 단원과 같이 하자고 했다.

그렇게 일 년이 지날 즈음 노동부에서 젊은 선배 단원이 강의하는 수업 참관을 하게 되었는데 그때 충격을 받았다. 태국어를 유창하게 하는 것은 물론 문법 설명까지 막힘이 없었다. 나는 문법적인 것은 최소한 설명하고 그것도 영어로 하는 편이었다. 다시 분발했다.

그 선배 단원이 사용하는 말을 참고로 하고 국립국어원 교재에 나온 태국어로 된 문법 설명을 익숙해 질 때까지 연습했다. 틈나는 대로 뉴스를 켜놓고 듣기 연습도 하고 참고가 되는 책을 가까이 두고 봤다.

가끔 '태국어를 좀 한다고 해서 뭘 할 수 있을까? 태국어를 사용하지 않으면 곧 잊어버릴 텐데…' 라는 회의가 들기도 했지만, '지금 필요하니까 하자. 현지인들과 더 많은 대화를 나누기 위해서, 더 마음을 나누기 위해서 하자' 하고 마음을 고쳐먹었다.

귀국할 즈음, 말하는 것은 여전히 유창하지 않지만 듣기 능력은 많이 좋아져서 웬만큼은 알아들을 수 있었다.

공동교재 인쇄를 위해 인쇄소 직원을 만났을 때 내가 코워커와 태국어로 주고받는 것을 보고 그가 말했다.

"태국어를 잘하시네요. 그 태국어를 나에게 주고 갈 수 없나요?"

그는 한국에서 온 지 얼마 안 되어서 태국어를 배우고 있는 중이라고 했다.

아무리 현지어 공부를 열심히 하더라도 단기간에 자신이 하고 싶은 말을 다 하기는 어렵다. 현지적응훈련을 마쳤을 때 어느 정도 의사소통은 가능하나 일과 관련되어 전문적으로 들어가면 한계가 있었다. 그럴 때 영어로 소통할 수 있는 것이 결정적인 도움이 되었다. 기관에서 사람들을 만날 때 영어회화가 가능하니 대하는 태도가 다른 것을 느낄 수 있었다.

나이 48세에 방송통신대 영문학과 3학년에 편입해서 힘들게 공부할 때 가끔 이런 생각을 했다.

'내가 이 나이에 뭐 하려고 이렇게 공부하는 거지?'

기본적인 회화 정도만 해도 사는데 아무 문제가 없는데 사서 고생하는 것 같았다. 그런데 그것이 봉사활동을 하는 데 결정적으로 도움이 된 것이다. 그렇다고 내 영어가 유창한 것은 아니다. 방송대를 졸업한 해에 KOICA를 지원했기 때문에 태국어에 집중하는 동안 영어는 한 켠에 밀려 있어서 거의 생각이 나지 않았다. 하지만 다른 사람이 하는 이야기를 알아듣고 내가 원하는 바를 분명하게 표현할 정도는 되어서 업무 진행은 무리가 없었다.

그래서 어느 정도 자리가 잡힌 후에 내가 하고 싶은 말을 유창하게 하고 싶은 열망이 생겼다. 태국은 영어 회화 실력을 기르기에 좋은 조건이었다. 주위에 영어를 하는 사람들이 많아서 연습할 수 있는 충분한 기회가 있었고, 외국인이 많이 가는 곳에는 영어로 모든 것을 해결할 수 있었다.

그래서 시간이 있을 때마다 영어 책 《Restart》를 보고 〈어린왕자〉 스토리를 영어로 들으며 한마디라도 더 해보려는 노력을 했다.

국내훈련을 받을 때 누군가가 말했다. 해외봉사단 2년은 20% 봉사활동과 80% 자기계발이라고.

교통수단

KOICA 단원은 자가운전을 할 수 없다. 오토바이도 안 된다.

방콕의 엄청난 교통체증에 출퇴근을 도와주는 일등 공신이 바로 오토바이이고, 시골의 가난한 서민에게 발이 되어 주는 것이 바로 오토바이이다. 지방으로 가면 시내버스가 없고 '썽태우'라는 것이 비정기적으로 운행되기 때문에 오토바이 택시나 '툭툭(삼륜차)'을 이용할 수밖에 없다.

처음 오토바이 뒤에 탈 때는 너무 무서워서 운전사의 옷을 잡거나 오토바이를 꽉 잡고는 천천히 가라고 부탁을 했다. 하지만 오토바이와 한 몸처럼 리듬을 타는데 그리 오래 걸리지 않았다.

그런 오토바이 택시도 학교 내에서는 탈 수 없기 때문에 강의가 있을 때 자전거를 타거나 걸어 다녀야 했다. 그런데 다른 교직원들은 자가용이나 오토바이를 이용하지 나처럼 자전거를 타고 다니지 않았다.

그래서 나도 한때 현지 사정에 맞게 오토바이를 구입해서 타고 싶었다. 그러다가 마음을 돌렸다. 규정을 지키려고 애쓰는 것 자체가 봉사하는 자의 마음 자세라고 생각했다.

문제는 자전거가 낡은 데다가 수업이 있는 날은 치마를 입어야 한다는 것이었다. 대학생들이 교복을 입는 것처럼 형식적이고 권위적인 관습이 여교수들의 치마 입기에 남아 있었다. 외국인은 지키지 않아도 된다고 하는 사람도 있지만 따라주는 것이 예의라고 생각했다. 하지만 치마를 입고 자전거를 타는 게 무척 불편했다. 좁은 치마나 짧은 치마는 입기가 곤란했고, 긴 치마는 바람에 펄럭거려 여간 신경 쓰이는 것이

01. 페달이 부서진 자전거
02. 섭외 끝에 교체한 자전거
03. 서민이 많이 타는 썽태우

아니었다. 요령껏 타고 다니다가 다리를 긁힌 후에는 서글프기까지 했다.

그러던 어느 날, 자전거 바구니에 쓰레기봉투를 싣고 가는데 브레이크가 잘 잡히지 않았다. 약간 내리막길이어서 잘못하면 도랑에 빠질 것 같았다. 얼른 자전거에서 뛰어내렸다.

자전거는 도랑에 처박히고 나는 넘어지면서 오른쪽 무릎을 찧고 오른손이 접질렸다. 쓰레기봉투는 내동댕이쳐졌다. 딸이 왔을 때 자전거를 타보고 브레이크가 안 듣는 것을 어떻게 타느냐고 바꿔야 한다고 했는데 무심히 지내다가 사고를 내고 만 것이다.

이를 어쩌나 싶었다. 주위에 아무도 없었다. 천천히 일어나 보니 옷이 찢어져서 엉망이 되었지만 다행히 많이 다치지는 않았다. 자전거를 당겨 보았다. 풀들과 함께 끌어올려졌다. 타는 데는 이상이 없었다.

자전거가 많이 낡았으나 탈 만하다고 생각했다. 다른 사람의 신세를 지는 것보다 마음이 편했다. 그런데 사고가 나서 손가락이 붓고 잘 구부려지지 않으니 정말 심란했다. 내가 부주의해서 일어난 일이니 말하기도 쑥스러웠다.

그 일이 있은 후, 코워커 쑥에게 자전거를 교체해 주든지 오토바이를 빌려달라고 했다. 수업을 일주일에 4일이나 하는데 그 정도는 배려해주어야 하지 않느냐고 했더니 알았다고 했다. 그런지 한 달이 훨씬 넘어서야 자전거를 교체해 주겠다고 연락이 왔다.

여학생 기숙사 뒤쪽에 똑같은 자전거가 줄을 지어 늘어서 있었다. 학교에서 비치해 두고 학생들에게 빌려주는 자전거였다. 학생들이 오토바이를 타다 보니 거의 이용을 하지 않는다고 했다. 그렇게 자전거가 많은데도 나에게 배정을 해주지 않은 것이었다. 자전거를 교체해 줘서 한편으로는 고맙기도 했지만 씁쓸하기도 했다. 학교에서 제공하는 것이라곤 책상 하나뿐이었는데 있는 자전거조차 빨리 조치해주지 않았기 때문이다.

아무튼 좋은 자전거로 교체하였으니 기분이 좋았다. 새 자전거가 마음에 들었다. 자전거가 좋아서 그런지 중심이 잘 잡혀서 양산이나 우산을 들고 탈 수 있었다.

하지만 자전거를 탈 때 항상 조심해야 했다. 도로 사정이 좋지 않아서 포장이 안 되거나 길이 파인 곳이 많았다. 후배 단원 중 한 명이 약간 내리막길에서 넘어져 코뼈가 부러지고 이가 나가서 무척 고생했다.

오토바이도 역시 위험했다. 운전사는 헬멧이라도 쓰지만 뒤에 앉은 손님은 그것조차 없이 차와 차 사이를 누비고 다니거나 대로를 막 달렸다. 학생들도 여러 명 타고 다니기 예사여서 주위 사람들이 오토바이 사고가 나거나 사망했다는 이야기를 종종 들었다.

국왕 생일과 소요 사태

국왕 푸미폰 왕의 생일은 12월 5일이다.

왕을 아버지처럼 여기기 때문에 그날을 '아버지의 날'이라고도 했다. 국왕의 나이가 83살인데 건강이 악화되어 병원에 장기간 입원하고 있다. 11시쯤 텔레비전을 켜니 왕이 병원에서 나와 퍼레이드 하는 것을 중계했다. 사람들이 엄청나게 모여서 국기를 흔들며 그를 반겼다.

한 달 계속되던 소요도 국왕 생일 하루 전에 멈추었다. 정치적으로 아무리 혼란스럽다 하더라도 국왕 생일에는 모든 것을 정지시키는 것을 보면 역시 국왕의 영향력이 크기는 큰 것 같았다. 아직 유혈 충돌은 없지만 언제 크게 확대될지 모르는 상태라고 했다.

공동교재 인쇄를 협의하기 위해 국왕의 생일 전후로 방콕 사무소에 가야 해서 상의를 했더니 국왕 생일 다음 날에 아마도 무슨 일이 있을 것 같다며 며칠 두고 본 후에 오라고 했다. 그래도 금방 크게 확대가 되겠느냐며 사무소와 유숙소에서만 작업하겠다고 하고 가겠다고 했다. 약간 불안하기는 하지만 일정이 촉박해서 어쩔 수가 없었다.

윤희 단원에게도 물었더니 방콕으로 오겠다고 해서 작업을 진행하기로 했다. 방콕 이외에는 아무런 움직임이 없고 유숙소와 사무소는 그리 멀지 않아서 일을 하는 데는 괜찮았는데 국왕 생일 며칠 뒤부터 다시 친낙신파와 반대파가 다시 소요를 일으키고 대립을 하고 있어서 불안했다.

태국 언론인과 정치에 관한 이야기를 나눈 적이 있는데 그는 한국이 부럽다고 했다. 민주화 운동을 통해 지금과 같은 민주국가를 만들고,

금권선거가 아닌 깨끗한 투표로 지도자를 선출하는 국민의 수준이 그에게는 한없이 부럽다고 했다. 국내에 있을 때는 구태의연한 정치 때문에 답답했었는데, 밖에서 보니 우리 민족이 이루어낸 민주화가 정말 대단한 일이라는 것, 민주화로 인해서 더욱 경제가 발전을 했다는 것을 실감했다. 열 번이나 넘는 군사 쿠데타와 고질적인 정치권의 부패로 혼란스러운 태국을 보니 우리나라가 더욱 자랑스러웠다.

독도 번역 작업

마지막 학기에 반크에서 만든 '독도' 영상을 보여주고 싶었다. 한국어 수업 시간에 이것을 언급하는 것이 어떨지 몰라 약간 망설였지만, 사실을 전달하는 선에서 제작된 영상이기 때문에 대학 교육을 받는 태국인에게 정확한 정보를 전달하는 것도 내가 해야 할 일이라고 생각했다.

수업을 하면서 우리나라 지도를 보여 주고 반크에서 안내한 것처럼 울릉도가 세계에서 아름다운 10대 섬 중의 하나라고 소개하고, 그 옆에 독도가 가까이 있다는 것을 영상을 통해 자연스럽게 보여 주는 것이다. 우선 싸이가 나오는 〈독도 스타일〉을 보여 준 뒤 그 영상을 보여 주면 그리 무겁지 않을 것 같았다. 그런데 홍보 영상이 영어로 자막이 되어 있어서 태국어로 번역해 학생들에게 읽어 주는 것이 좋을 것 같았다.

코워커 나티에게 번역을 부탁해야 했다. 평소에 어떤 부탁을 하든 흔쾌히 들어주는 편이지만 이번에는 어떤 반응이 나올지 궁금했다. 아마도 탐탁지 않아 할 것 같았다. 왜냐하면 태국 사회가 일본에 대해 호의적이고, 태국과 일본은 친구 관계라고 그녀가 말한 적이 있기 때문이었다. 그렇다 하더라도 지금까지 쌓아온 관계로 보아 거절하지는 못 할 것이라고 생각했다.

전화를 걸어 번역을 부탁한다고 했더니 흔쾌하게 대답을 했다. 그래서 독도 영상 두 개와 거기에 나오는 영어 자막을 인쇄한 것까지 가져갔다. 하나는 간략하게 독도가 우리 땅인 이유를 연대순으로 정리한 것이고, 다른 하나는 일본이 우리나라를 점령하기 위해 국제사회를 움직였던 것부터 지금의 양상까지 다룬 내용이었다.

나티가 무슨 내용이냐고 해서 독도를 아느냐고 하니 모른다고 했다. 그런데 가져간 글을 조금 본 뒤 독도가 아닌 일본 명칭도 있지 않느냐고, 서로 자기 나라 영토라고 주장하고 있지 않느냐고 했다. 이미 알고 있었던 것이었다.

그때부터 태도가 좀 미묘했다. 그 자료를 어디에 쓸 것이냐고 묻고, 내가 학생들에게 보여 주려고 한다고 했더니 왜 보여 주려고 하느냐고 물었다. 나는 진실을 알리고 싶은 것뿐이라고 했다. 그랬더니 태국어로 바꿀 필요 없이 영어 자막을 그대로 보게 하면 될 거라고 하면서 번역이 필요 없을 거라는 태도를 보였다. 학생들이 이해하기 어려울 수가 있어서 영상을 보여준 뒤 번역한 것을 읽어줄 것이라고 했더니 학생들이 충분히 이해할 수 있다고 했다.

학생들의 영어 실력이 좋지 않다는 것을 그녀도 알고 있는데 우기는 것이었다. 그녀와 맞서고 싶지 않아서 영상이 너무 빨리 지나가기 때문에 이해하기가 쉽지 않을 것이라고 에둘러 말했다. 그랬더니 어쩌면 설명을 하는 것이 오히려 좋지 않을 거라고 했다. 나는 독도를 소개하는데 시간을 많이 할애하지 않을 것이며 단지 영상을 보여 주고 번역된 것만 학생에게 읽어줄 예정이라고 했다. 그 정도까지 말하니 자신이 해주기 싫어서 그런 것처럼 보일까 봐 그런지 번역은 해주겠지만 별로 필요 없을 것이라는 말로 마무리했다. 그래서 무조건 고맙다고 말하고 사무실을 나왔다.

슬그머니 웃음이 나왔다. 완전히 예상했던 그대로였기 때문이다. 그녀는 억지춘향으로 별로 보고 싶지 않은 동영상을 보고 내용을 번역하면서 일본의 만행을 알게 될 것이다.

앞으로 이 태국 사회의 주류가 될 그녀에게 진실을 알릴 기회를 가진 것은 큰 성과라고 생각했다. 그녀는 엘리트 중의 엘리트로 장래가 촉망되는 젊은이이다. 왕립 대학교 마히돈에서 석사를 하고 국가 장학금으로 미국 유학을 한 실력파이다. 이 학교에 온 지 일 년도 안 되어 학과장을 맡고 있고, 꽤나 합리적으로 일 처리를 잘하고 있다. 야망도 크다. 그런 그녀가 일본의 실상에 대해 비판적으로 볼 기회는 그리 많지 않을 것이다.

두 시간이 좀 지나자 번역을 다했다고 연락이 왔다. 만나서 이야기할 때, 두 번째 내용은 너무나 드라마틱하더라면서 학생들에게는 첫 번째 정도면 충분할 것이라고도 했다. 그리고 덧붙인 말은 나를 너무 기쁘게 했다. 일본이 참으로 상식적으로 이해하기 어려운 점이 있는 나라라고 했다.

그래서 맞다고 고개를 끄덕이면서 덧붙여 말했다.

"일본은 우리나라를 35년이나 빼앗아 놓고 지금도 또 빼앗고 싶어하는 나라예요."

"그래서 일본을 싫어하는 거지요?"

나티가 웃으면서 내가 일본을 싫어하는 이유를 알겠다는 듯이 말했다. 나는 웃으며 일본이 독일처럼 과거의 잘못에 대해 인정하고 진심으로 용서를 구하지 않기 때문에 발전된 관계로 나아가기가 어렵다고 화답했다.

넘어야 할 산

장학금과 미스터리

KOICA 단원은 기관에 자원봉사자로 파견이 되는 것이기 때문에 강의료를 받지 않지만, 특강의 경우는 학교에서 책정한 것을 받을 수 있고, 그런 경우 학생들을 위해서 쓰는 것이 바람직하다고 사무소에서 안내했다.

그래서 3차에 걸쳐 특강을 한 강의료를 준다고 하기에 학생들에게 음식 만들기와 한복 입기 체험학습에 필요한 경비를 제하고 남은 금액은 장학금으로 주겠다고 농축산대 부학장에게 미리 말해 두었다.

그러던 어느 날 코워커가 특강비 결제를 올리는 서류를 가지고 와서 사인을 하라고 했다. 하필이면 음식 만드느라 바쁠 때 왔기에 내용을 읽어 보고 나중에 사인하겠다고 했더니 그냥 가지고 가버렸다.

며칠 후, 수업을 시작하는데 아짠 찌압이 그 서류를 다시 가지고 와서 사인해 달라고 했다. 서류의 앞 장에는 강의료가 적혀 있는데 첨부된 뒷장에는 아무 것도 적혀 있지 않았다. 내가 읽어볼 시간을 줘야 하지 않느냐면서 빈칸에 기록을 다 해서 복사를 해달라고 했다. 그리고 서류를 이해하기 쉽도록 영문으로 해주는 것이 예의가 아니냐고 말했더니 맞는 말이라며 다시 가져갔다.

또 며칠 후, 같이 사는 아짠 앳이 아침에 그 서류를 내놓으면서 사인을 하라고 했다. 앳에게 서류의 내용을 설명해 달라고 부탁했다. 내가 모르는 말들을 찾아서 보려면 시간이 많이 걸릴 것 같아 웬만큼 이해가 되면 사인을 할 요량이었다. 앳은 특강을 한 내 강의료와 나를 도와준 코워커와 아짠 찌압에게 주는 돈이라고 했다. 나에게는 9,600밧인데 두 명에게 주는 돈이 4,800밧이었다. 어이가 없어서 웃음이 나왔다. 도대체 그녀들이 한 것이 뭐가 있어서 그만큼이나 가져간단 말인가. 코워커는 구경만 하고 사진만 열심히 찍었다. 아짠 찌압도 한국 음식 만드는 일에 관심이 많다고 해서 와서 보라고 했더니 재료를 실어다 준 것밖에 한 일이 없었다. 그것은 차치하고 표지에 나온 내용과 첨부된 내용이 맞지 않았다. 앳이 설명을 못 하겠다고 난감해 했다. 그래서 책임자인 부학장에게 가서 설명을 듣고 사인을 하겠다고 했다.

그 서류를 출근할 때 사무실에 가지고 가서 친하게 지내는 직원에게 설명을 해달라고 부탁했다. 그 직원이 서류를 찬찬히 살펴보더니 내가 한 특강으로 기획된 금액이 총 58,600밧(200만 원 정도)이라고 했다. 엄청난 금액이었다. 그런데 서류 표지에 있는 금액은 강의료 9,600밧과 피쑥과 찌압에게 주는 4,800을 합친 14,400밧이었는데 왜 차이가 나는지 알 수가 없었다. 꼼꼼히 다시 살펴보니 그것은 특강 한 차례에 대한 것이었다. 일반적으로 시간당 강의료가 300밧인데 활동을 병행하는 특강이어서 시간당 1,200밧이었던 것이다. 한 특강당 8시간 했으니 9,600

밧이고, 특강을 세 번 했으니 28,800밧이어야 했다. 그것을 몰랐던 나는 9,600밧이 세 차례 특강에 대한 전체 강의료인 줄 알고 사인을 해줄 뻔했던 것이다. 그런데 이상한 것은 9,600밧 서류가 세 장이 있어야 하는데 한 장에만 사인을 하라고 했었다. 왜 그랬을까? 놀랍게도 이곳에서는 한 번 사인을 해주면 복사해서 쓸 수 있다고 했다. 그래서 내가 9,600밧으로 알기를 바랐고 얼렁뚱땅 사인을 받으려고 했던 것이다. 그제야 모든 의문이 풀렸다. 기타 경비와 보조 강사비로 책정된 30,000밧의 쓰임은 알 필요도 없지만, 내 강의료를 떼먹으려고 한 것은 용서가 안 되었다. 경비를 제외하고 남는 강의료는 학생들의 장학금으로 주겠다고 미리 말해 두었는데 그것마저 주지 않으려는 심사를 이해할 수 없었다.

사인을 받으러 온 사람 중에 제대로 설명해 준 사람은 아무도 없었다. 태국어로 되어 있어서 숫자만 봐서는 잘 알 수도 없었다. 두고 가면 내용을 보고 사인을 하겠다고 하니 보면 아느냐고 코워커가 중얼거리기까지 했다. 무례하기 짝이 없었다. 현지어 해독 능력이 없다면 무시당하기 십상이었다.

나에게 설명해 준 직원은 내가 장학금을 주고 싶으면 강의료를 직접 받아서 최고 책임자인 부총장에게 전달하라고 했다. 그래야 장학금을 준 것에 대한 확인서를 받고 학생들에게 그 돈이 가지, 그렇게 하지 않으면 그 돈이 어디로 가는지 알 수 없을 것이라고 했다.

나에게 일어난 일을 동기 대표와 상의를 했다. 책임자인 부학장과 직접 대면해서 해결하는 정공법이 가장 좋다는데 의견을 같이했다.

부학장은 나이도 어린 사람이 직원들에게 잔소리가 심하고 말이 많으며 행실이 거만해서 형식적인 관계만 유지할 뿐 가깝게 지내는 사이가 아니었다. 그런 그를 찾아가 깍듯하게 인사를 하고 난 뒤 서류를 내밀며 설명을 해달라고 했다. 부학장은 특강에 대한 수당이라고 하면서 내 수당과 코워커, 아짠 찌압에게 나가는 것이며, 내가 받아야 하는 수당은 음식 재료비와 홈스테이 하는 앳에게 얼마간 주고 나머지는 장학금으로 돌릴 것이라고 했다. 내가 고개를 끄덕이며 알았다고 하고는 9,600밧이라고 쓰인 것을 가리키며 강의료가 이게 탕못(총액)이냐고 하니 눈 하나 깜짝이지 않고 그렇다고 했다. 예상했던 그대로였다.

그래서 나도 차분하게 말했다. 9,600밧은 특강 한 번에 해당하는 것이고. 세 번 했으니 곱하기 3을 해야 하지 않느냐면서 가방에서 종이를 꺼내어 계산할 것처럼 액션을 취했다. 그제야 맞다면서 계산기를 꺼내 두드리고는 28,800밧이라고 보여 주는데 인상이 심하게 일그러졌다.

나는 주눅 들지 않고 KOICA에서 특강 수당은 직접 받아서 처리하라고 했다고 말했더니 어딘가에 전화 통화를 하고는 통장으로 입금해 주겠다고 했다. 기분이 그리 좋아 보이는 것 같지 않아서 장학금 처리 방법과 앳에게 돈을 주는 문제에 대해서는 꺼내지 않고 사인을 어디에 해야 하는지만 물었다. 그는 그 서류도 귀찮은 듯이 가지고 가라고 밀었다. 성질이 난 모양이었다.

더 이상 있을 이유가 없어서 고맙다고 하며 빨리 처리해 달라고 부탁하고 나왔다. 겉으로는 아무렇지도 않은 듯이 표정관리를 했지만 부학장이 정말 괘씸했다. 학생들에게 가는 돈을 가로채려고 봉사자인 나를 속이고 여러 사람을 끌어들이고, 내 면전에서 낯빛도 바뀌지 않고 거짓말을 한 놈이었다. "나쁜 놈! 못된 놈!" 돌아오면서 수없이 욕을 해도 분이 풀리지 않았다.

사무실에 돌아와서 나를 도와준 직원에게 결과를 말하니 잘했다며 좋아했다. 우리는 하이파이브를 했다. 그리고는 사무실 책임자인 아짠 남에게 장학금에 관해 상의했다. 특강으로 받을 금액에서 경비를 제하고 남은 돈 약 20,000밧으로 장학금을 주려고 한다고 하니, 한두 사람에게 장학금을 주는 것보다 한국 관련 책이나 영화를 사서 도서관에 비치하는 것이 좋지 않겠느냐고 했다. 여러 사람이 지속적으로 볼 수 있으니 더 나을 것이라고 했다. 일리가 있었다. 아짠 남은 도서관 책임자에게 나의 뜻을 담은 편지를 손수 써서 주면서 전화를 해주었다.

비상식적인 코워커

OJT 기간에 촌부리 캠퍼스에서 나를 도와주었던 코워커 나티는 말 그대로 업무 협조자이며 파트너였다. 학교의 상황을 잘 설명해서 내가 무엇을 어떻게 해야 하는지 알게 해주었고 나의 이야기에도 귀 기울여 주었다. 세세한 것까지 신경을 써줘서 너무 고마울 따름이었다.

그런데 짠타부리 캠퍼스의 코워커 쑥은 그렇지 않았다. 처음 얼마간은 내가 더 머무르게 하려고 엄청 잘 해주더니 한 학기 있기로 결정하고 난 이후로는 태도가 달라졌다. 나보다 세 살 위여서 예의를 갖춰 대

했더니 업무 협력자가 아니라 상관처럼 자기 부하 대하듯이 했다. 학교의 운영방식에 대해서도 내가 묻지 않으면 가르쳐 줄 생각도 하지 않고, 당연히 해주어야 하는 것도 잊었다고 핑계를 대는 경우가 부지기수였다.

그러면서 나에게는 과도하게 요구했다. 내가 봉사자 신분이어서 웬만하면 'OK'를 하고 들어주었더니 자기들은 하지 않는 4시간 연장까지 맡기고, 본부에서 요구하지 않는 근무규정까지 들이댔다.

더 얄미운 것은 내가 일을 벌이게 해놓고 자기는 손 놓고 있다가 사진만 찍으러 나타나는 것이었다. 예를 들면 학생들에게 김치를 맛보일 거라고 하니까 김치 만드는 시범을 보여 주면 좋겠다고 해놓고, 도와줄 게 있느냐고 묻지도 않고, 시장 보고 준비하고 만드는 일까지 손 하나 까딱하지 않는 것이었다. 내가 너무 얄미워 빠진 것이 있다고 사다 달라고 부탁하니 학생을 불러서 시켰다.

그래도 최대한 좋은 관계를 유지하려고 노력했다. 화가 나는 일이 있어도 큰소리 내지 않고 시정해 달라고 부탁하듯이 말하며 깍듯이 대하고 줄 게 있으면 제일 먼저 챙겨 줬다. 하지만 말만 알았다고 하고 갈수록 실망스러운 일이 많아지면서 코워커에게 말하는 것보다 알아서 처리하는 것이 훨씬 편하게 되었다.

그러던 어느 날, 급한 일이 있어서 전화를 했는데도 받지 않았다. 두세 번 했는데 전화해 주지도 않았다. 그리고 얼마 후, 내 특강 강의료를 횡령하려는 일에 공범임을 명백히 알게 되었을 때 더 이상 참는 게 능사는 아니라고 벼르게 되었다.

그러다 그녀에 대한 울분이 폭발하는 일이 생겼다.

횡령하려고 했던 강의료를 찾아서 2만 밧(약 80만 원) 정도의 도서를 기부하기로 마음먹고 학교 책임자 부총장에게 말하러 갈 때, 그래도 코워커를 대동하는 게 체면을 세워줄 것 같아서 같이 가자고 하니 총알처럼 달려왔다. 그녀는 부총장 앞에서 나와 친한 척하며 내가 떠나면 보고 싶을 거라며 포옹을 하기도 했다. 나는 닭살이 돋았지만 참고 적당히 맞춰줬다. 부총장은 기부해줘서 고맙다며 교직원들 앞에서 기부한 사실을 소개하고 싶다며 며칠 후에 열리는 전체 교직원 회의에 참석해달라고 했다. 나도 인사를 하고 떠날 수 있어서 잘되었다고 생각하고 그러마 했다.

그런데 전체 교직원 회의를 하는 날, 비가 억수같이 왔다. 비가 웬만큼 오면 점심을 같이 먹던 엠이 오토바이를 태워주겠다고 했는데 그럴 수 없을 정도였다.

회의 시작되기 30분 전쯤 코워커 쑥에게 전화를 했다. 회의장에 가는 길에 태워줄 수 없느냐고 부탁을 했다. 코워커라고 해도 차를 태워달라는 부탁한 적은 거의 없었다. 그런데도 그녀는 벌써 회의장에 도착했다고만 하고 태우러 오겠다는 말을 하지 않았다. 그래서 다시 한 번 부탁조로 말했다.

"비가 너무 많이 와서 갈 수가 없어요."

"비가 많이 와도 올 수 있어요."

옆 사람에게 내가 한 말을 옮기면서 히히덕거리며 대답했다.

화가 치밀어 올랐지만 마음을 진정시키고 다시 한 번 더 걸어서는 가기가 어렵다고 말했는데도 대답은 똑같았다. 그래서 할 수 없이 회의에 참석하지 않아도 괜찮으냐고 물었다.

"못 온다고 하면 할 수 없지."

전화를 끊고 나자 참을 수 없는 울분이 복받쳐 올라와 눈물이 쏟아졌다. 어린 직원들에게 이러쿵저러쿵 말하면 사이가 좋지 않다고 알려질까 봐 삭히며 지내왔는데 더 이상 감출 수가 없었다. 눈물을 주체할 수가 없었다. 직원들이 안타까운 마음으로 달래 주었다.

며칠 후, 촌부리로 이사하기 전에 할 말을 하러 사무실로 찾아갔다. 최소한의 예의를 차리기 위해 선물도 챙겼다.

"당신이 내 코워커 맞나요?"

맞다고 하기에 코워커였다면 고마웠다며 선물을 주면서 그동안 납득하기 어려웠던 점에 대해 조목조목 말했다. 미안하다고 했다. 바빠서 그랬다고 뻔한 변명을 했다. 감정이 상했던 일들, 비오는 날 태우러 오지 않은 이야기는 치사해서 하지 않았다.

"그럼 왜 전화는 받지 않았나요?"

내가 좀 화가 난 표정으로 말하니 많이 아파서 그랬다고 하면서 자리에서 일어나 나에게 다가와 손을 잡으며 사과했다. 나중에라도 전화해줘야 하는 거 아니냐고 하니까 정말 미안하다며 거듭 사과했다.

이어서 부학장과 특강비를 횡령하려고 했던 일을 따졌다. 모르는 일이라고 발뺌을 했다.

"정말이에요?"

그녀의 눈을 똑바로 보면서 다시 물었더니 내 눈을 피했다. 부학장과 한 패거리인 그녀가 절대로 모를 리가 없고, 그녀가 한 일련의 행동을 보면 불을 보듯이 훤한 일이었다. 만약 정말 몰랐다면 생사람 잡는다고 했을 텐데 반격 한마디 하지 못했다.

"이건 예의가 없는 짓이에요. 정말 기분 나빠요."

내가 나무라듯이 꾹꾹 눌러 말했다. 태국에서는 '숩합(예의)'를 중요한 덕목으로 여기기 때문에 예의가 없다는 말을 듣는 것을 수치스럽게 여기는데 내가 화난 듯이 기분이 나쁘다고 말하는 내게 아무 말도 하지 못하고 눈치만 살폈다.

그러다가 선물이라며 포장도 안 된 책 한 권을 내놓았다. 태국에 관해 소개하는 화보였다. 유명한 곳에 대한 설명이 나와 있다면서 주는데 그 호의마저 거절할 필요는 없다고 생각해서 받았다.

분위기가 조금 누그러지자, KOICA에 보고해야 한다며 특강 시작할 때 찍은 사진이 있으면 달라고 부탁했다. 그녀는 사진을 달라는 말보다 KOICA에 보고를 한다는 말에 민감하게 반응했다. 어떤 내용을 보고하느냐며 그것을 자기에게도 달라고 했다. 그렇게 말할 줄 전혀 생각하지 못했기 때문에 한국어로 작성한다고 핑계를 대며 넘어가려고 했더니 영어로 번역해서 달라고 했다. 보고서가 한두 장도 아닐 뿐더러 코워커가 상관처럼 구는 것이 미워서 반문했다.

"내가 왜 보고서를 당신한테 줘야 해요?"

자신도 학교에 보고해야 한다고 했다. 너무 기가 막혔다. 평소에 그렇게 비협조적인 사람이 어떻게 날로 먹으려 하나 싶어 괘씸했다.

"당신도 보고서 작성할 수 있어요."

비가 억수같이 올 때 비를 뚫고 올 수 있다고 그녀가 말했던 그 톤 그대로 말해 주었다. 그리고는 당신의 보고서는 당신이 작성해야지 왜 내 것을 달라고 하느냐며 일언지하에 거절했다. 단호한 내 태도에 적잖이 당황하는 기색이었다.

내가 너무했나 싶어서 사진이 필요하면 얼마든지 줄 수 있다고 했더니 그거라도 달라고 했다. 그녀는 내가 그렇게 정색을 하며 말하는 것을 본 적이 없어서 그런지 내 기분을 풀려고 나에게 다가와 여러 번 "커톳(미안해요)"이라는 말을 하고, 내가 간다고 하니 문까지 나와서 배웅했다.

할 말을 다하고 나오니 속이 후련했다. 다른 사람들이 나와 코워커 관계가 좋지 않다는 것을 알아서 좋을 게 없을 것 같아서 문제가 없는 것처럼 관계를 유지해 왔지만, 사과를 받아내기까지 마음고생이 이만저만이 아니었다.

짠타부리 캠퍼스 책임자인 부총장은 나에게 한 학기 더 있어 달라고 몇 번이나 부탁해서 학생들을 생각해서 한 학기 더 있어야 하나 잠깐 고민을 하기는 했지만 코워커가 너무나 싫고 홈스테이 하는 것도 너무 힘들어 빨리 벗어나고 싶었다. '내가 행복해야 다른 사람을 행복하게 해줄 수 있다'는 말이 맞는다고 생각하기 때문에 오래 갈등할 필요가 없었다.

촌부리로 옮겨서 새 학기가 시작되고 얼마 안 되어 짠타부리 코워커 쑥한테 전화가 왔다. 한국에 놀러 갈 건데 뭘 준비해야 하느냐, 날씨는 어떻느냐, 기온이 몇 도냐고 귀찮도록 물었다. 그녀가 이관 서류를 제

때 해주지 않아서 행정 처리가 늦어져 수강 신청생이 한 명도 없어 고민하고 있었을 때라 기분이 좋지 않았다. 만약 이관 서류를 빨리 안 해줘서 미안하다는 말을 하든지 최소한 수강 신청이 어떻게 되었는지 물어봤다면 그렇게 기분이 나쁘지는 않았을 것이다.

내 반응이 신통치가 않으니 한 학기 수업이 끝나갈 때 다시 짠타부리로 와서 수업해 줄 수 없느냐고 묻는 전화를 나에게 직접 하지 못하고 코워커 나티한테 여러 번 했다고 한다.

나는 아직도 의문이다. 내가 일을 잘 해낼 수 있도록 제일 도움을 주어야 하는 코워커와 그 상관인 부학장, 홈스테이 했던 앳이 왜 그리 나를 힘들게 했는지. 코워커 때문에 마음고생 한 것을 그녀가 어느 정도 알고 있는지. 그녀는 정말 나에게 미안한 마음을 가지고 있는지. 나에게 그렇게 면박을 당하고도 다시 와달라고 사정하는 건 뻔뻔한 건지, 속이 없는 건지.

한국어 코너 만들기

어렵사리 찾은 돈으로 도서관에 책을 기증을 할 기회가 왔다.

짠타부리 캠퍼스의 도서관 1층은 탁 트인 공간에 테이블이 있어서 학생들이 자유롭게 공부를 하거나 인터넷을 할 수 있고, 이삼 층은 책과 컴퓨터로 꾸며져 있는 훌륭한 건물이었다.

그런데 직원에게 한국 관련 책이 있느냐고 물어보니 없다고 했다.

한류 열풍이 불어오기는 했지만 도서관에 아무 것도 없는 것이 현실이었다.

2만 밧(80만 원가량)이나 되는 돈으로 책을 구입하는 것도 쉬운 작업이 아니었다. 10월에 방콕에서 열리는 북 페스티벌에 도서관 직원들을 만나서 한국 관련 책을 찾았다. 한국어 교육에 관한 책과 여행안내 책자가 대부분이었다. 우선 그것들을 보이는 대로 2권씩 샀다. 다른 종류도 분명히 있을 것 같아서 찾았더니 소설책 두세 권밖에 없었다. 같이 간 동기 단원이 동료 교수에게 전화해서 물어보니 인터넷을 통해서 구입할 수 있다고 했다.

이것저것 다 샀는데도 돈이 많이 남았다. 그래서 컴퓨터로 공부할 수 있는 한국어 교육 프로그램을 구입했다. 가격이 2,500밧(10만 원)으로 비싼 편이었지만 한국어를 재미있게 공부하도록 잘 만든 것이었다. 도서관에서 관리만 해준다면 스스로 공부할 수 있는 좋은 아이템이 될 것 같았다. 도서관 직원에게 물어보니 관리가 가능하다고 했다.

두 달 후, 남편이 태국에 왔을 때 내가 살았던 짠타부리를 보여 주고 싶어서 같이 갔을 때 도서관을 방문하였다. 기증한 책으로 마련된 한국어 코너를 보니 감회가 새롭고 뿌듯했다.

촌부리 캠퍼스에 와서 생각해 보니 짠타부리 캠퍼스에 기부한 책들이 두 권씩 산 것이 많기 때문에 한 권씩 촌부리 캠퍼스에 나누어 주면 좋겠다 싶었다. 짠타부리에 그만큼의 도서가 필요하지 않을 것 같고 촌부리가 메인 캠퍼스이니 더 많이 활용할 것 같았다. 짠타부리 도서관을 담당하는 교수에게 부탁을 했더니 흔쾌히 보내 주겠다고 했다.

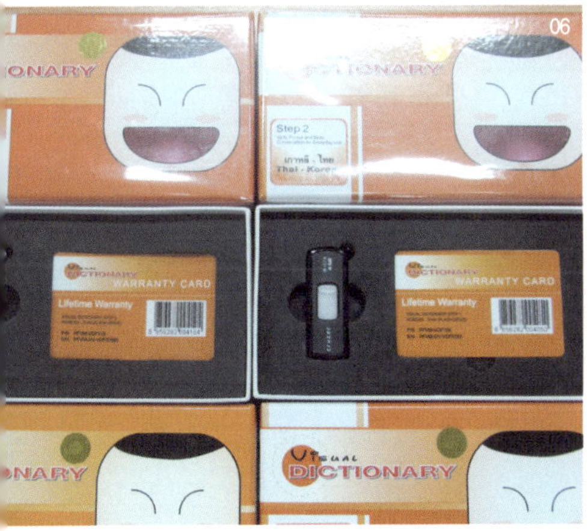

01. 촌부리 도서관 한국어 코너 / 02. 짠타부리 도서관 / 03. 기부 감사장을 부총장에게 받음
04. 촌부리 도서관에 넣어준 책 / 05. 전시된 책장 / 06. 학습프로그램 / 07. 영화 DVD

그리고 도서를 구입하고 남은 돈으로 문학과 역사에 관한 책을 도서관 직원의 협조를 얻어서 2권씩 추가로 구입한 뒤 짠타부리에 한 부씩 보내 주었다. 그렇게 촌부리 캠퍼스 도서관에도 한국어 코너를 마련할 수 있었다. 도서관에 들어가면 학생들이 앉아서 휴식을 취하며 책을 볼 수 있는 공간 바로 옆에 한국어 관련 책이 보기 좋게 비치되었다.

얼마 후, 2년차 현장물품으로 신청하는 것들을 도서관에 넣어 주는 것이 좋을 거 같다는 생각이 들었다. 수업 진행에 도움이 되는 책, DVD, 그리고 한글 교육 프로그램을 구입하여 활용한 뒤 도서관에 기부를 하고 가면 지속적으로 이용할 수 있어서 효과적일 것 같았다. 수업할 때 활용하다가 도서관에 기부를 하고 가면 학생들이 지속적으로 이용할 수 있어서 효율적일 것 같았다. 사무소 측과 상의했더니 가능하다고 했다.

먼저 코워커에게 설명을 하고 도서관을 담당하는 영문과 학과장을 같이 찾아갔다. 그런데 그녀의 표정이 너무 딱딱하고 사무적이었다. 그녀에게는 성가신 일처럼 보였다. 답답한 사람이 샘을 판다고 하는데 내가 답답한 사람이었다.

아무튼 거의 매일 도서관을 들락거리며 도서관 직원 앤과 일을 진행했다. 짠타부리에 사준 책 목록과 서점에서 받은 추천 도서 목록을 점검하는 일부터 시작했는데 예사 일이 아니었다. 태국어로 되어 있으니 뜻을 찾으면서 골라야 했다. 생각보다 관련 도서가 많았다. 마침내 165권 정도를 찾아냈다.

한글 교육 프로그램은 짠따부리에 전화를 해서 그것에 대한 정보를 받고 인터넷으로 검색해서 자료를 인쇄했다. 그런데 가격이 많이 올라서 한 세트에 7,000밧이나 했다. 두 세트 정도는 되어야 원활하게 사용할 것 같아서 책을 좀 줄여야 했다.

한국 영화나 드라마 DVD를 인터넷으로 사려니 종류가 너무 많아 뭐가 뭔지 알 수가 없었다. 그래서 백화점에 가서 최근 것으로 골랐다.

영어를 전혀 하지 못하고 만만디로 일을 처리하는 사무직원 앤과 진행을 하느라 애를 먹었지만, 애써준 앤에게 고마워서 색동필통을 선물로 주니 좋아하며 활짝 웃었다. 한국에 관심 있는 학생들을 위해 거의 4만 밧(160만 원)에 가까운 거금을 들여 기부를 해주는 것이지만 기름칠도 필요했던 것이다.

드디어 귀국하기 두 달 전, 진열이 완료되었다.

"태국 사람들은 한국을 많이 사랑하는 것 같아요."

학생들은 물론 교수들까지 많이 빌려다 본다는 학과장 아짠 수닛의 말을 듣고 가슴이 뿌듯했다.

일의 진행이 조금만 빨리 되었으면 '한국 영화, 한국 책, 한국 문화 주간'을 기획해서 도서관에 있는 자료들을 홍보하고 한국 문화를 알릴 수 있는 행사를 하고 싶었다. 몇몇 단원의 경우에 학교에서 제안하고 적극적으로 지원해서 이벤트 하는 것을 본 적이 있기에 나도 일을 벌려볼까 했는데 시간이 너무 촉박해서 마음을 접었다. 못내 아쉬웠다.

사무실 열쇠 받기

짠타부리에서 촌부리로 옮긴 지 한 달 남짓 되었을 때인 11월 말에 사무실을 옮겼다. 수업 준비를 위해 복사할 것이 많아지자 본관 직원들이 사용하는 사무실에서 인문대학 건물로 옮기는 것이 어떠냐고 제안했다. 그리고 외국인 영어 교수가 있는 방으로 가는 것이 어떻겠느냐고 했다. 그런데 문제는 같이 지내야 할 사람이 모두가 기피하는 교수였고 사무실이 무척 지저분했다. 옮기기 싫었지만 학생들이 편하게 나를 만나러 오기에는 여러 명이 사용하는 사무실보다 둘만 쓰는 곳이 더 나을 수도 있겠다 싶어 옮겼다.

사무실은 3층 건물의 3층 제일 끝 방이었다. 짐을 옮길 때 허름하고 냄새 나는 곳에 나를 두고 가려니 코워커 나티의 마음이 좋지 않아 보였다. 나는 이제 도와주지 않아도 혼자 다 할 수 있으니 걱정하지 말라고 했다.

사무실은 청소를 했다고 하나 쿰쿰한 냄새는 여전해서 문을 모두 열고 빗자루질을 하고 정리정돈을 새로 했다. 태극기를 벽면에 붙이고, 한글 자료며 연예인 사진도 마땅한 자리에 배치했다. 복도에 있는 테이블도 정리한 뒤, 한국의 아름다움을 보여 주는 엽서를 진열해서 오고가는 학생들이 보도록 했다.

예상대로 학생들이 나를 만나러 왔을 때 사무실에 붙여둔 가수들 사진을 보면서 반가워하며 이름을 읽어 보려고 애썼다. 두 번 수업 받은 실력으로 더듬거리면서 읽어 보려는 모습이 너무 귀여웠다. 사무실을 옮긴 것은 잘한 거 같았다. 다른 사람 신경 쓰지 않고 지낼 수 있고, 학생들과 가깝게 지낼 수 있어서 좋았다. 그래서 학생들이 편하게 오고 싶은 마음이 들도록 더욱 예쁘게 꾸몄다. 한국에서 가지고 온 꽹과리를 내놓고 한번씩 쳐보게 하고, 매니큐어도 가져다 놓아서 시간이 있는 여학생들은 놀다 갈 수 있게 했다. 한복과 한복 엽서, 전통놀이 물품들을 현장물품으로 더 신청해서 풍성하게 했다.

일 년 뒤, 인문대학 건물이 완공되어 새 사무실로 옮겼다.

그런데 내 책상 위치를 보고 할 말을 잃었다. 영문학과 교수들과 사무실을 같이 사용하는 것은 알았으나, 내 자리가 출입문 바로 앞이라는 사실은 몰랐다. 자신들의 지위나 친분에 따라 자리를 차지하고 칸막이까지 해놓고는 외국인인 쨰쨰와 나에게는 사람들이 많이 다니는 입구에 달랑 책상 하나씩만 주었다. 인문대학장이 볼일이 있어서 왔다가 내가 처해 있는 상황을 보고 미안해 했다. 인문대학장은 짠타부리 캠퍼스 사회과학대학장의 친구로 내가 어떤 사람인지 소개받아서 평소에 호의를 갖고 대해 주던 분이었다. 그는 조치를 취해 주려고 학과장과 통화를 하면서 나에게 좀 기다려 보라고 했지만 별 소식이 없었다.

할 수 없이 쨰쨰와 나는 알아서 자리를 배치하고 리셉션 역할을 자청했다. 그런데 더욱 기가 막힌 것은 사무실 열쇠까지 주지 않는 것이었다. 사무실에 상근하는 직원이 없기 때문에 각자 하나씩 가지고 있어야 하는데 며칠 지나도록 소식이 없었다. 가깝게 지내는 교수에게 물어보니 학과장이 당연히 줄 거라고 했다. 그런데 정작 본인은 모르는 일이라고 잡아뗐다.

며칠은 문제가 없었다. 하지만 토요일에 수업이 있어서 담당 직원에게 물어보니 학과장과 의논을 해보겠다고 했다. 매반(청소하며 관리하는 직원)에게도 말하니 학과장에게 전화를 걸어서 열어 주겠다고 했다.

그날은 그렇게 해서 넘어갔는데 며칠 뒤, 아침 일찍 수업이 있어서 출근을 하니 사무실 문이 잠겨 있었다. 학과장에게 전화를 했더니 출근 시간 8시 30분 이전에 수업이 있으면 미리 신청서를 내야 한다고 했다. 미리 안내해 준 적이 없었고, 지난 번 사무실에서는 그런 적이 없었다. 참으로 기가 막혔지만 감정을 누르고 도착하기까지 얼마나 걸리느냐고 물으니 무조건 기다리라고 했다. 일단 교실에 갔다 오려고 다시 얼마나 걸리느냐고 물으니 신경질을 내며 목소리를 높였다. 기가 찰 노릇이었다.

마음을 진정시키고 만나서 뭐라고 하는지 들어봤다. 그녀는 전에 있었던 원어민 강사가 사무실 물건들을 가지고 가 버려서 외국인에게 열쇠를 줄 수 없다고 했다. 째째도 그를 도왔다고 하면서 째째와 친한 나에게 줄 수 없다는 것이었다. 나름 이유가 있었던 것이다. 일단 사정이 있어서 그런 것이니 입장을 이해한다고 알았다고 했다.

겉으로는 해결된 것처럼 보이지만 기분이 언짢았다. 좋지 않은 경험이 있다고 해서 그것을 일반화시키는 것은 옳지 않은 일이며, 그리고 열쇠에 대해 자신은 모르는 일이라고 거짓말 한 것은 잘못한 일이었다.

그래서 다음 날인 수요일에 편지를 썼다. 좋지 않은 선례 때문에 그런 결정을 한 것은 이해를 하지만 각자 중요한 물건에 안전장치를 하고 신뢰 관계를 도모하는 옳지 않겠느냐고 완곡하게 표현했다.

편지를 보여 줄 것인지, 말로 할 것인지, 아니면 아예 언급하지 않을 것인지 고민을 했다. 그러던 와중에 째째가 수업을 마치고 오니 사무실 문이 잠겨서 곤란을 겪은 일이 발생했다.

그래서 행정실장에게 상의를 했다. 그녀는 교직원 강의를 할 때 가장 열심히 듣던 사람이었다. 학과장의 입장은 이해가 되지만 열쇠가 없어서 난감하다며, 따로 나갈 조그만 사무실이 없겠느냐고 물었다. 그녀는 인문대학장과 의논하겠다고 했다. 학과장이 기분 나빠할 것이 걱정된다고 했더니, 자기가 다 알아서 하겠다고 했다.

다음 날 아침, 출근을 하다가 학과장을 만났다. 그녀는 열쇠를 건물 관리를 하는 폰에게 맡겨 놓았다고 하면서 필요하면 말하라고 했다. 째째도 그것을 아는데 잊어버린 모양이라고 했다. 나에게는 열쇠를 줄 수 있지만 째째 때문에 그렇다고 양해를 구했다.

내가 사무실의 중요한 것은 캐비닛에 보관을 하고 열쇠를 주는 것이 맞지 않느냐고 했더니, 얼마간 시간이 지나면 다른 아짠들과 의논해서 결정할 거라고 했다.

그런데 수업을 마치고 12시경에 사무실로 오려는데 1층에서 담당 직원이 나에게 사무실 열쇠를 주었다. 째째에게도 줄 거라고 했다. 행정실장이 일을 잘 해결한 모양이었다.

거의 한 달 만에 사무실 열쇠가 내 손에 쥐어졌다. 째째와 하이파이브를 했다.

"We solved the problem, right?"

출근할 때마다 문이 열려 있을지 신경 써야 하는 것이 스트레스였다. 이전의 사무실은 낡은 건물이었지만 열쇠가 있어서 일찍 나가서 수업 준비를 할 수 있었는데 기본적인 것에 제약을 받으니 출근하는 것이 그리 기쁘지 않고, 출근을 늦게 하게 되었다. 그러나 불쾌한 내색을 하지 않고, 시간을 두고 천천히 생각을 하면서 대응했더니 좋은 결과가 나온 것이다.

인문대학장이 사무실을 옮길 때 내 자리를 보고는 어찌해 주지 못했는데 열쇠까지 주지 않았다고 하니 그것은 바로 해결해 주도록 한 것 같다. 학과장도 학장이 나서니 어쩔 수 없었던 모양이고, 쨰쨰가 태국문화에 적응하려고 노력하더라는 말을 학과장에게 해줬더니 받아들이기로 한 것 같다. 아무튼 웃으면서 문제가 해결되어서 기분이 좋았다.

나를 행복하게 하자

나를 행복하게 하는 연습

토요일. 무엇을 할까 생각했다.

'며칠 폭포에 못 갔으니 폭포에 가서 쉬었다 올까, 일을 하러 사무실에 갈까.'

이제는 나를 위한 일, 내가 행복해 지는 일 쪽으로 선택을 하기로 했다. 지금까지 일 중독자처럼 주말에도 일을 했다. 어떻게 하면 재미있게 잘 가르칠 수 있을까 하는 고민이 떠나지 않았다. 몸은 '휴식!'이라고 외쳐도 일을 손에서 놓지 않았다. 앞으로는 주말만이라도 학생들을 잊기로 했다.

'엄마'라는 자리, '주부'라는 자리는 '나'의 행복을 우선적으로 할 수 없었다. 그래서 혼자 외국에 살게 되면 오로지 나에게 집중하고 내가 행복할 것에 충실하게 살 것 같았는데 전혀 그렇지 못했다. 새로운 생활에 적응하기 바빴고, 임무에 충실하기 위해 몰두했고, 새로운 인간관계를 맺기 위해 나는 뒷전이었다.

이제 조금씩 적응이 되고 여유가 생기기 시작했으니 내가 더 행복한 쪽으로 선택하기로 했다. 평소에 모토로 삼았던 '곁에 있는 사람 행복하게 하기'를 '내가 행복해야 주위 사람이 행복하다'로 바꾸기로 했다.

폭포에 갈 준비를 주섬주섬 했다.

1층에 내려가서 간단하게 먹을 것을 싸다가, 앳과 아침을 먹고 가는 것이 나을 것 같아서 청소를 하고 버섯으로 된장국을 끓였다. 국을 만들면서 생각했다.

'된장에 버섯을 넣고 끓이면 맛있겠다. 나를 위해서 국을 끓이자. 앳

01. 날아 보자 / 02. 사랑해 경희야 / 03. 사랑하는 가족

01

02

03

이 먹지 않는 것에 대해 너무 신경 쓰지 말자. 내가 행복하면 되는 거다.'

9시가 다 되었는데도 앳이 나오지 않아서 어디가 아픈가 하고 물어보려고 가니 방문이 고무줄로 채워져 있었다. 외출할 때 고양이가 들어가지 못하도록 하는 장치였다. 벌써 나가고 없는 것이었다. 차가 있어서 나갔다고 생각지 못했다.

혼자서 식사를 맛있게 했다. 둘이 같이 살면서도 혼자 먹을 때가 많아서 더 외롭고 쓸쓸했었다. 그런데 이제 '나'에 집중하니 괜찮아졌다. 누구에게 좌지우지되지 않고 내가 행복한 쪽으로 선택을 하는 것이 자유를 누리는 것이라고 여겼다. 혼자 있을 때 나를 행복하게 하는 연습을 해야지 언제 하겠는가.

내 생일 챙기기

기념일을 기억한다는 것이 그동안 쉽지 않았다. 너무 바쁘게 살다 보니 꼭 챙겨야 하는 것만 겨우 기억하고 살았다. 아직도 그 일은 나에게 익숙하지 않다.

무미건조하게 사는 것보다 하루하루 의미 있게 살아야 하는 것이고, 기념이 되는 날은 더욱 의미 있게 지내는 것이 옳은 일이라고 생각하지만 행동은 결코 쉽게 바뀌지 않았다.

생일, 존재함에 대해 다시 생각해 보게 되는 특별한 날. 나는 분명히 행복한 사람이어서 생일이라고 요란을 떨지 않아도 된다고 생각하지만 하루 종일 혼자서 밥을 먹고 싶지 않았다. 예전 같으면 다른 사람에게 부담을 줄 것 같아 조용히 지냈을 것이지만 나를 행복하게 하기로 마음을 바꾸었기 때문에 액션을 취했다.

마침 주말이어서 가깝게 지내는 다솔 단원에게 시간 있으면 저녁이나 같이 먹자고 카톡을 넣었다. 좋다는 답이 왔다.

이른 아침에 아들과 딸에게 연락이 왔다. 잊지 않고 챙겨 주는 것이 고마웠다. 남편은? 조용했다. 나도 별로 잘 해주지 못했기 때문에 서운해 할 이유가 없다. 쿨 하게 생각하기로 했다.

다솔 단원과 만나기로 한 곳으로 가다가 유숙소가 보이기에 잠시 쉬었다 가려고 들어갔다. 유숙소에 들어가면 바로 와이파이가 터져서 카톡이 들어오는데 남편이 메일을 보냈다는 문자가 들어와 있었다.

웬일이지? 남편이 나에게 메일을 보내는 일은 거의 없었다. 남편이 구구절절 쓴 편지가 와 있었다. 몇 줄 읽지 않아서 울컥했다.

남편은 늘 고맙게 생각하고 행복하게 해주겠다는 뜻은 변함이 없는데 오히려 힘들게 한 날이 많았던 것 같아 미안하다는 말을 했다. 평소에 그러한 말을 하는 남편이 아니었다. 남편이 태국에 왔다가 공항에서 헤어질 때 내가 우는 것을 보고 남편도 한참 동안 눈물을 훔쳤다는 말을 보고는 표현을 안 해서 그렇지 남편도 같은 느낌이었구나 싶었다. 내가 돌아가면 어머님과 함께 가족여행을 하고 싶고, 내가 남편 곁에 있는 날까지 행복했으면 좋겠다는 말과 함께, 내 생일을 지인들에게 선포하고 자축하며 즐겁게 지내라고 했다.

갑자기 기분이 좋아졌다. 남편의 편지가 어느 무엇보다도 큰 위안이 되었다. 지금까지 가장 행복할 때는 '자신이 하고 싶은 일을 할 때'라고 생각했는데 그 생각을 수정했다.

'사랑하는 사람과 함께 살면서 자신이 하고 싶은 일을 할 때'라고.

다솔과 만났을 때 남편 말대로 내 생일임을 선포(?)하고 한턱 낸다고 했다. 그러고 나서 짜장면을 먹으러 갔다. 생일에 국수를 먹어야 길게 오래 산다지. 지금까지 그리 오래 살고 싶은 생각이 없었는데 남편과 오래오래 살아야겠다고 마음을 바꾸었다.

짜장면을 배불리 먹고 나자 다솔이 케이크를 사서 파티를 하자고 했다. 분위기가 산뜻하고 조용한 카페에 들어가서 맥주를 시키고 케이크에 불을 붙였다. 생일 잘 지낸다고 가족에게 보여 주려고 사진도 찍었다. 조촐했지만 기분 좋은 생일파티였다.

내 몸은 내가 지킨다

KOICA에 입단하기 위해 신체검사를 받을 때 아무 것도 문제되는 것이 없었다. 약을 먹고 있는 것도 없었다. 하지만 여자 나이 쉰에 아프지 않은 사람이 있을까. 결혼할 때의 몸무게를 그대로 유지할 만큼 관리를 해왔지만 한두 군데씩 고장 나는 것은 어쩔 수 없는 일이었다. 젊었을 때 너무 무리하게 일을 해서 허리와 엉덩이 쪽 척추가 많이 상했다. 그래서 조금만 무리하면 그곳부터 아프다. 어떨 때는 아무런 이유도 없이 아파서 걷기가 불편할 때도 있다. 병원에서는 아직 수술할 단계는 아니라고 하면서 관리를 잘하라고 했다.

휴식과 컨디션 조절이 가장 중요했다. 허리가 안 좋은 느낌이 들면 재빨리 마사지 숍에 갔다. 마사지사의 손을 빌리면 한결 나아졌다. 한국에서 물리치료 받는 것보다 훨씬 나았다. 현지인들이 이용하는 마사지 숍은 시설이 그리 좋지는 않지만 마사지를 아주 잘했고 가격이 저렴했다. 시간당 140밧. 두 시간 해도 만 원 정도이다.

'몸이 약해지면 마음도 약해진다.'

이 말을 실감하면서도 주위 사람들이 걱정할까 아프다는 말을 제대로 하지 못했다. 벌레에 물려서 견디기 힘들 때도, 몸살이 났을 때도, 이가 아플 때도 약을 먹으며 하루하루를 견뎌야 했다. 그럴 때는 내가 지금 뭐하는 짓인가 싶기도 했다. 내가 나를 보살피고 챙기는 수밖에 없었다. 원래 병원에 잘 가지 않고, 약도 잘 먹지 않는 편인데 병원에 재빨리 가고, 약도 찾았다. 약의 힘을 빌려서라도 빨리 낫고 싶었다. 그래서 평소에 운동을 게을리 할 수가 없었다. 짠타부리에 있을 때는 거의 매일 30분 이상 자전거를 타거나 산책을 했다. 탁구장을 알고부터 틈만 나면 탁구를 쳤다. 촌부리에서도 형편이 되는 대로 탁구, 배드민턴, 자전거 타기, 산책을 했다.

먹는 것도 신경을 썼다. 중년이 되면 나잇살이 붙기 쉽다. 한국에 있을 때도 며칠만 방심하면 몸무게가 금방 불어나고 배가 나왔다. 태국 음식이 입에 잘 맞아서 살이 찌는 것이 염려되어 좋아하는 과일도 과하게 먹지 않으며 체중조절을 했다.

유숙소에 있는 《1일 1식》 책을 보고 영양 균형만 잃지 않으면 적게 먹고도 얼마든지 건강을 유지할 수 있다는 것을 알았다. 그래서 아침과 저녁은 가볍게 먹고 점심은 먹고 싶은 만큼 먹었다. 점심은 학교에서 먹으니 태국 음식을 먹고 아침과 저녁은 간단하게 한국 음식을 만들어서 먹었다. 특히 저녁에 적게 먹으면 아침에 몸이 가벼워서 과일만 먹거나 허기를 채우는 정도로 먹었다. 가끔 야식이 먹고 싶어도 스스로를 다독였다. 학생들을 가르치기 위해서 강단에 서는데 배가 나온 모습을 보여 주지 않으려면 참으라고. 그렇게 했더니 내가 원하는 몸무게를 유지할 수 있었다.

그럼에도 불구하고 일 년에 한 번씩 받는 건강검진에서 1년차에는 콜레스테롤 수치가 약간 높게 나왔고 2년차에는 퇴행성관절염 초기 증세도 보였다.

동기 단원 중에서도 2년차에는 조금씩 건강에 이상이 있는 사람들이 제법 있었다. 환경이 다른 곳에서 오래 생활하다 보니 그런 것 같았다. 귀국할 때가 다 된 것 같다고 웃어넘겼지만 마음은 무거웠다.

여행하기

여행이란 '내가 사는 공간에서 떠나는 것'이라고 할 수 있다.

그런 의미에서 태국으로 온 것은 2년이라는 긴 시간을 여행 온 것이나 다름없었다.

여행이 주는 즐거움이 크기는 하지만 익숙한 것에서 단절되어 낯선 환경에 적응하려면 시간이 필요하고, 거기에 특별한 임무까지 수행해야 한다면 긴장감을 동반해야 한다. 그래서 그런지 한동안은 여행을 다니고 싶은 마음이 생기지 않았다. 시간적인 여유가 생기면 그저 집에서 쉬고 싶을 뿐이었다. 나만의 공간에서 에너지를 재충전하는 것이 필요했다.

그래도 2년간 살다 보니 제법 많은 곳을 가보았다.

짠타부리에 있을 때는 짜우라우 해변과 꼬 창(섬)에, 6개월이 지나서는 동기 단원들과 1박 2일 깐짜나부리로 여행을 했다. 꼬 창은 꼬 사멧만큼 유명한 섬으로 방콕 사람들이 가장 많이 찾는 다는 곳이고, 깐짜나부리에는 '콰이강의 다리'가 있다.

촌부리에서는 집 근처에 '카우 키야우(Open Zoo)'가 있고 그리 멀지 않은 곳에 파타야가 있어서 가족과 친지들이 오면 방콕과 더불어 안내를 했다.

KOICA 사무소 주최로 하는 평가회에 참석하기 위해 후아힌과 라이용에 가보았고, 1년 쯤 되었을 때 남편이 3주간 휴가를 와서 북부 지역을, 귀국하기 전에 친구가 와서 남부 지역을 한 바퀴 둘러보았다.

개인적으로 마음을 내서 다녀온 곳은 유적지 아유타야와 러이끄라통 축제의 기원지인 수코타이, 최대 규모의 '국립공원 카오야이'뿐이다.

이 정도만으로도 여행에 대한 갈증은 완전히 해소되었고, 동서남북 어디를 가나 매력적인 구경거리가 가득한 태국을 좋아하게 되었다.

태국 사람들은 외국인이 태국 말을 할 때 더 친절해지는 경향이 있

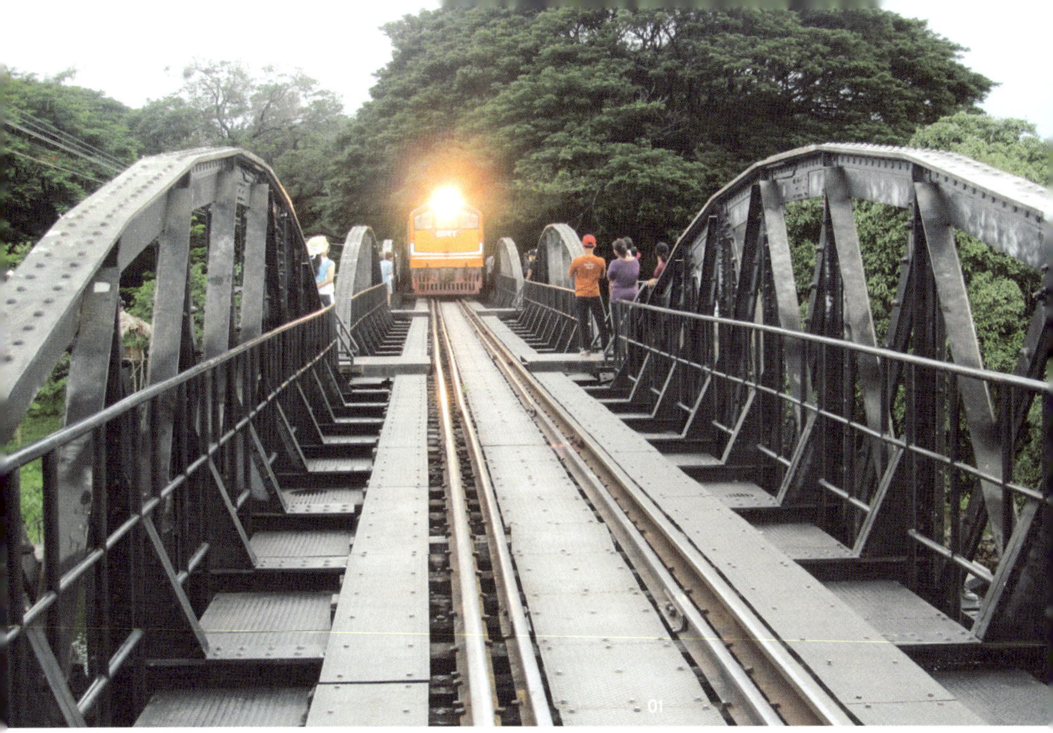

01

02

03

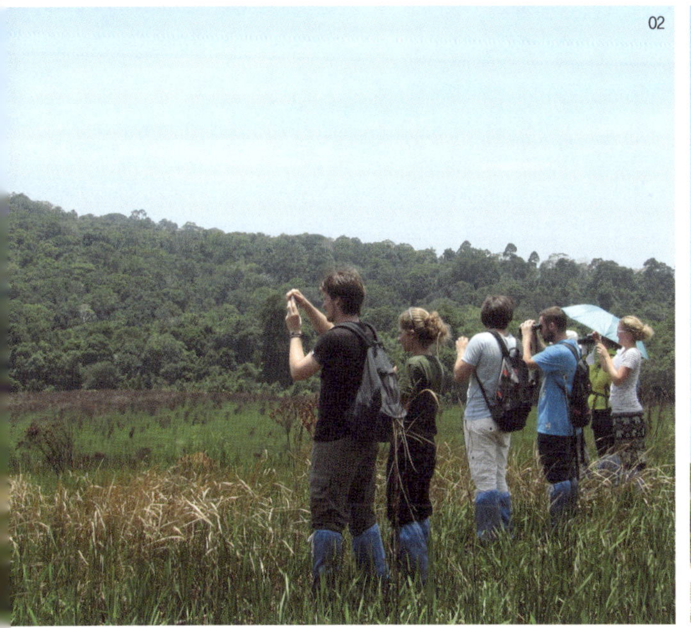

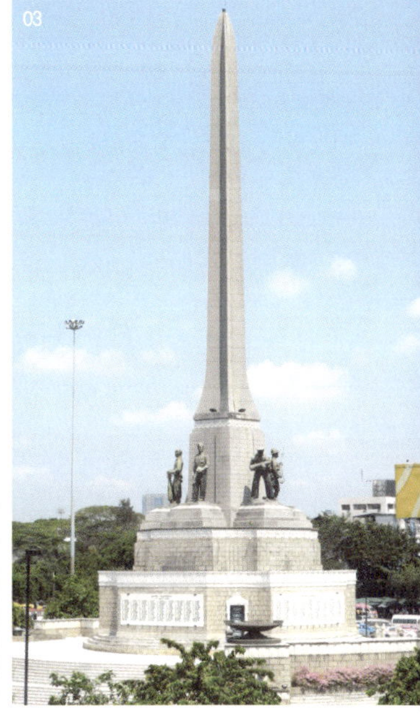

01. 열차가 운행되는 콰이강의 다리 / 02. 카오야이에서 야생 코끼리 관찰하기 / 03. 전승기념탑

는데 그것이 여행할 때 크게 도움이 되었다. '얼마나 살았는데 태국어를 할 수 있느냐'는 질문부터 시작해서 그들의 삶 속으로 들어가, 그들과 함께 호흡하는 여행할 수 있었고, 굳이 예약하고 가지 않아도 숙박하는 데 어려움이 없었다.

태국 사정과 여행 정보는 주로 '태사랑'과 '태국교민잡지' 사이트를 통해 얻었고, 카오 산에 있는 한국인이 운영하는 여행사 '홍익여행사'와 '동대문'을 이용했다. 그곳에서 투어를 안내받기도 하고, 숙박이나 공연의 할인 티켓도 얻었다.

마음의 평화를 찾아서

태국은 불교 국가이고 나는 카톨릭 신자이다. 신앙생활을 제대로 할 수 있을까 싶었다.

태국에는 학교를 세워야만 성당을 지을 수 있다. 그래서 태국인 성당은 제법 많으나 독자적인 한인 성당은 없고, '돈 보스코 성당'을 빌려서 사용하는 한인 성당이 방콕에 단 하나 있을 뿐이었다. 파타야, 치앙마이, 푸켓에 공소가 있는데, 방콕 신부님이 파타야에는 일요일 5시 미사를 드리러 가셨고, 치앙마이와 푸켓에는 한 달에 한 번 가신다고 했다.

짠타부리에서는 현지인 성당에 가려고 해도 자동차로 한 시간 이상 걸려서 다닐 수가 없었다.

촌부리로 이사 와서는 신앙생활을 할 수가 있었다. 파타야 공소까지 차를 갈아타고 가면 한 시간 정도 걸리지만 기쁜 마음으로 다녔다. 미사를 보는 동안 참으로 행복했기 때문이다. 태국에서 한국에 있는 것과 같은 느낌이었다. 먼 이국에서 한국과 같은 미사를 보다니. 새로 부임하신 신부님은 열정이 넘쳤고, 신자가 그리 많지 않아 가족적인 분위기여서 이방인 같은 느낌이 들지 않아서 좋았다. 성가를 부를 때 가슴이 벅찼다. 거의 반 년 이상 성가를 잊고 있다가 부르는데도 기억이 났다.

그때부터 매달 《매일미사》 책을 사서 아침마다 보는 것이 습관이 되었다. 성당에 가서 매일 미사에 참례하는 것은 아니지만 그 책을 읽음으로써 하루를 주님과 함께 시작할 수 있었고, 한 구절씩 마음에 새기며 살 수 있었다. 피정이 따로 없었다.

방콕에 볼일이 있어서 갈 때는 한인 성당에 들렀다. 방콕 성당은 공동체가 결성된 지 14년밖에 되지 않지만 초기에 기초를 잘 잡아 놓아서 그런지 구역이나 레지오가 잘 운영되는 것 같았다. 분위기도 화기애애하고 좋았다. 위령성월인 11월에는 니콜라스 반훗 키트밤롱이라는 태국 신부님이 복자로 추대되면서 지은 성당에 성지 순례도 다녀왔다.

나와 가깝게 지내는 다솔 단원이 냉담 중이었는데 방콕 성당에 갈 때마다 같이 가자고 했더니 못 이기는 척하며 다니다가 주일학교 교사까지 맡아서 했다. 뿌듯했다.

한인 성당은 살레시오 수도원의 도움으로 2013년 부활 때부터 독자적인 성당을 가질 수 있게 되었고, 귀국할 즈음에 파타야 공소에 새 신부님이 파견되었다는 반가운 소식을 들었다.

한국 드라마 보기

학생들이 드라마를 많이 본다고 해서 어떻게 보는지 궁금했다. 한국 영화와 드라마 DVD를 파는 곳에 가보니 최근에 나온 것은 아주 비쌌기 때문이다. 인터넷 주소를 가르쳐 주는데 들어가 보니 한국에서 방영한 지 하루 이틀만 지나면 태국어 자막 작업이 되어 올라왔다. 그 사이트를 알고부터 가끔 보기 시작했다.

수업 시간에 '하늘'이라는 한국 이름을 가진 여학생에게 애인이 있느냐고 물으니 킥킥대며 있다고 했다. 누구냐고 물으니 '김탄'이란다. 드라마 〈상속자〉의 주인공 이민호가 '김탄'이라는 사실을 몰랐다면 공감대를 형성하기 어려웠을 것이다.

그리고 한국인이라고는 한 명도 없는 곳에 살다 보니 한국 사람이 말하는 드라마를 보는 것만으로도 편안함을 주고 위로가 되었다. 중요한 일들이 끝나고 나서 주말에 아무 생각 없이 집에서 휴식을 취하며 드라마를 보고 나면 스트레스가 해소되었다. 한국어로 수다 떨고 싶은 갈증이 사라지고 향수도 달랠 수 있었다.

그러다가 드라마 홀릭에 빠진 적도 있었다. 우리나라 드라마가 정말 재미있었다. 학생들에게 그렇게 재미있냐고 물으니 한번 보기 시작하면 자꾸 보게 된다고 하는 말이 딱 맞았다. 〈시티 헌터〉나 〈상속자〉는 압권이었다. 가끔 이런 시간도 필요하다고 나를 합리화시키며 보다가 거울에 비친 내 모습이 완전 폐인 같아서 깜작 놀라서 웃은 적도 있다.

물품으로 구입해서 도서관에 비치한 DVD는 태국어 버전으로만 되어 있어서 적잖이 태국어 공부에 도움이 되었다. 모두 알아들을 수 있는 것은 아니지만 웬만큼은 이해했다. 태국어 버전으로 보면서 중요한 것은 말보다 몸짓, 눈빛, 탄성, 행동이라는 사실을 실감했다.

교민 사회 엿보기

풍물 동아리

학교에서 12월 축제 기간에 '김치 만들기 시연'을 해달라고 했을 때, 한국 문화를 알릴 수 있는 좋은 기회라고 생각하고 수락을 하면서 풍물로 흥을 돋워 주면 좋겠다 싶었다. 파타야와 방콕에는 풍물패가 있는지 알아보았다. 그런데 파타야에는 아예 없고, 방콕에 동아리가 있기는 하지만 몇 명 되지 않아 공연이 불가능하다고 했다.

방콕 시나카린 위롯 대학을 빌려서 연습하는 그 동아리가 예전에는 사람들이 많았고 선생님도 있었는데 그 선생님이 한국으로 귀국하고 단원들도 흩어져서 서너 명만이 겨우 명맥만 유지하고 있었다. 그런데 놀라운 사실은 그 때 배운 태국인 음악대학 학생이 현재 다른 대학교의 강사로 일하면서 그 학교 동아리의 선생님으로 봉사를 하는 것이었다.

1년 전만 해도 한인 관련 행사가 있거나 공연 요청이 들어오면 많이 다녔다고 했다. 그런데 이제는 요청이 들어와도 사람이 없어서 할 수가 없다고 하니 참으로 안타까운 일이었다. 배울 의지만 있으면 가르쳐 줄 수 있는 선생님도 있는 상황이고 방콕에 있는 우리 교민의 수도 적지 않은데 풍물에 대한 관심을 이끌어 내지 못하는 것이 안타까웠다. 한국 문화를 알리는데 풍물만큼 강력한 것도 드물 것인데…

그래서 한국에 있을 때 북과 장구를 배워 공연을 해본 내가 손을 보태기로 했다. 조금 손발을 맞추면 1년 정도 봉사를 하고 갈 수 있을 것 같아 토요일마다 연습하러 갔다. 방콕에 있는 단원들에게도 협력 활동을 할 때 공연할 수 있도록 연습하자고 설득했다. 단원들이 해보자며 동참하기는 했으나 각자 사정이 있어서 지속되지 못했다. 나도 6월부터 신학기가 되면서 수업이 갑자기 많아져서 시간을 내기가 어려워졌다. 내 앞가림을 해야 해서 동아리에 못 나간다고 정중하게 미안한 마음을 전할 수밖에 없었다..

재태 한인 체육대회

방콕에 있는 한인 성당에 가면 이런저런 소식을 들을 수 있어 좋았다. 11월초에 갔더니, 한인 체육대회가 있다며 참석할 수 있는 사람은 협조해 달라고 했다. 구경 삼아 가보고 싶었다. 경기 종목이 많이 있어서 살펴보니 탁구가 눈에 띄었다. 내가 할 만한 것은 탁구였다. 친선 게임이니 학생들과 치던 실력으로 나가 보는 것도 괜찮을 것 같았다.

체육대회는 쭐라롱껀 대학교에서 열렸다. 라마 5세인 쭐라롱껀의 이름을 딴 그 학교는 태국 최고 학교이다. 방콕의 중심부인 지상철 씨암 역 바로 앞에 있는 학교였으나 기회가 없어서 한 번도 가보지 못했

01, 02. 재태 한인 체육대회

는데 잘 되었다 싶었다.

학교에 가보니 명성만큼이나 규모와 분위기가 남달랐다. 토요일임에도 단정하게 보이는 학생들의 발걸음이 빨랐고 건물이며 조경이 오랜 역사를 간직한 것처럼 보였다. 특히 나무에 대한 안내 팻말이 있어서 평소에 궁금하던 것들을 알 수 있었다.

태국에 우리 교민의 수가 15만 명 정도라고 하더니 체육대회에 모인 인원이 제법 많았다. 한국인이 많이 산다는 말은 들었지만 직접 보니 정말 대단했다. 성당 부스에 가니 참가복과 음료수를 나누어 주었다.

개막식이 시작되어 줄을 서고 애국가를 불렀다. 국내훈련 첫날 애국가를 부른 뒤 처음이었다. 태국 하늘 아래서 우리의 애국가가 우렁차게 울려 퍼졌다. 식이 끝난 후 탁구 시합을 하는 곳으로 갔다. 참가 선수들은 자신의 라켓을 가져와야 하는데 나는 그 사실을 몰라서 당황스러웠다. 마침 우리 기수 대표인 김강영 단원이 계셔서 잠시 빌려서 연습을 했다.

나는 허망하게 첫 예선전에서 떨어졌다. 그저 운동 삼아 치는 것과 경기를 하는 것은 판이하게 달랐다. 상대방의 수를 읽어야 하고 공격에 능해야 했다. 나는 그런 식으로 머리를 많이 쓰며 하지 않았기 때문에 실전에 막혔던 것이다.

대신 남자 선수로 참가한 이 베드로 씨를 열심히 응원했다. 베드로 씨가 잘하기는 했지만 응원의 힘이 승부를 가를 수 있다는 것을 경험했다. 5전 3승으로 결정이 나는 준결승에서 2패를 하고도 역전을 해서 이겼던 것이다.

스타디움 밖에서는 장사를 하는 사람들이 장사진을 치고 있었다. 주로 한국 음식이었는데 떡, 족발, 열무김치, 과자류… 그중 열무김치 국수는 정말 맛있었다. 그래서 학교 학생들을 인솔해온 동기 단원 다솔에게도 한 그릇 사주었다.

저녁에 유숙소에 가니 단원들이 몇 명 있었다. 체육대회 갔던 이야기를 했더니 행사하는 것을 알았다면 갔을 거라고 아쉬워했다.

촌부리 교민회

KOICA 사무소에서 태국 주재 대사님이 촌부리 교민회와 간담회가 있다고 참석할 수 있으면 하라고 연락을 했다. 파타야에 있는 한 한인 식당에서 만난 전재만 대사님은 활달하고 소탈해 보였다. 식사를 하면서 돌아가며 자기소개를 하고 각자 의견을 말했다.

간부들의 간담회여서 시라차, 람빵, 파타야, 라이용 지회 대표들이 인사를 하고 건의할 내용을 말했다.

파타야에서 잔뼈가 굵은 사람들이었다. 이정국 고문과 채승우 고문은 파타야에서 오래 살았기 때문에 우리나라 사람들이 와서 고충을 겪게 되면 대사관보다 먼저 달려가는 사람들이었고, 다른 사람들도 개인 사업을 하면서 봉사활동을 열심히 하고 있었다.

내 앞에 앉은 사람은 이웃 동네인 시라차에서 온 사람으로 삼성협력업체에서 일을 한다고 했다. 삼성 협력업체 모임은 협성회라고 하는데 50개 정도 되고, LG 협력업체와 한라공조, 이 세 곳의 공장이 120개나 된다고 했다.

대사관과 한인회가 서로 손발을 맞춰 잘해 보자는 취지의 이야기를 많이 했다. 예를 들면 한국 사람들이 제일 많이 오는 파타야 지역에 영사를 더 많이 배정해 주었으면 좋겠다는 것과, 한인회 간부들이 봉사업무로 대사관에 갔을 때 시간이 많이 걸리지 않도록 업무 편의를 봐주었으면 좋겠다는 것이었다.

한국에서 태국으로 관광 오는 사람들은 여전한데 이제는 배낭여행을 오는 사람들이 많아서 투어관광으로 오는 사람들을 대상으로 장사를 하던 사람들은 갈수록 어려워지는 모양이었다.

교민회 회장은 우리나라 사람이 태국에 수감된 사람들에 대한 이야기도 했다. 놀러 왔다가 우발적으로 잘못을 저질러서 몇 년씩 감방에서 지내는 사람들이 제법 있는 모양이었다. 18년씩 선고 받은 사람도 둘이

나 있는데 자국민 보호법으로 괘씸죄가 적용된 것 같다고 했다. 우리나라와는 사뭇 달랐다.

기본적인 인권 차원에서 고려해 보아야 할 것 같아서 건의한다는 내용도 있었다. 수감생활을 하는 자에게 독일 대사관에서는 월 6천 밧씩, 영국 대사관에서는 월 2천 밧씩 지급하는데, 그 이유가 감옥에서 제공하는 식사가 다른 나라 사람들에게는 대부분 먹기 어려운 음식들이기 때문이라고 했다. 일면 일리가 있는 것 같았다.

파타야에서는 제트스키 사고가 많이 난다고 했다. 딸이 왔을 때 제트스키를 타게 한 적이 있어서 귀를 쫑긋 세우고 들으니 제트스키를 빌려서 타는 경우에 부딪히는 경우가 종종 있다고 하며 사람이 죽는 수도 있고 수리비에 바가지 씌우니 조심해야 한다고 했다.

대화 중에 국격이라는 말이 많이 나왔다. 해외에 나오니 국격이라는 말을 자주 듣는다. 우리나라의 위상이 많이 높아진 결과일 것이다. 외국 사람이 한국을 바라보는 시각이 높아진 만큼 그에 맞는 품격을 갖춰야 할 때라는 생각이 들었다.

6 장

봉사활동

단원들과 함께한 봉사활동

시골 학교 칠하기 – 현지적응훈련

'으은 깍깍깍… 비비비 비비비… 위여오우 휘여오우… 따악 따악 따악… 쿡 휘잉!'

현지적응훈련의 일환으로 콘깬에 1박 2일 봉사활동을 갔을 때 잠자리에 들려온 새소리이다.

옆방에서 말하는 소리는 물론이고, 아래층에서 물 흐르는 소리, 문 닫는 소리까지 들린다. 위층에서 나는 발자국 소리가 말발굽 소리 같다. 설상가상으로 우리 방은 전기마저 나갔다.

이런 허름한 집들만 있는 깡촌에서 2년간 생활하며 한국의 대표적 스포츠인 태권도를 전파하며 현장사업을 한 교관이 대단해 보였다.

교관은 학교에 도착하자마자 제일 먼저 자신이 프로젝트해서 운영되고 있는 건물로 데려갔다. 헬스를 하거나 탁구를 치던 학생들, 동네 사람들이 반갑게 맞이해 주었다. 복층으로 만든 철구조물이었는데 2층에 올라가니 그리 넓지 않은 공간이 있었다. 바로 그곳에서 태권도와 요가를 가르쳤다고 한다.

우리가 방문한 목적은 중학교 교실 벽에 페인트칠을 하는 것과 바닥에 타일을 깔아 주는 것이었다. 경제 사정이 열악하여 수리를 못하고 있는 사정을 알고 있는 교관이 사무소 측과 협의하여 추진했던 것이다.

팔을 걷어붙이고 페인트가 우둘투둘 일어난 부분을 끌로 먼저 긁어내야 했다. 그런 다음 칠해야 하는데 해본 사람이 없었다. 그래서 그 학교 남자 선생님 몇 분이 먼저 시범을 보여 주시고 나서 같이했다. 날이 더워 금방 구슬땀이 흘렀다. 학생들이 잔심부름을 하거나 시원한 음료를 가져왔다. 옛날 시골 학교 풍경 그대로였다.

처음에 칠을 시작할 때 교실이 너무 지저분해서 결과가 어떨지 걱정이 되었다. 그런데 성심성의껏 몇 번을 바르고 나니 차츰 교실이 환해지며 깨끗해졌다. 흐뭇한 웃음이 절로 나왔다.

칠하는 동안 교실의 창문 위쪽이 자연친화적인 철망으로 되어 있어서 새가 들어왔다가 나가기도 하고 지저귀는 소리도 요란했다. 우리도 마칠 때쯤 노래를 불러 가면서 즐겁게 했더니 태국 선생님과 학생들이 재미있다는 듯이 지켜봤다. 이 학교 선생님은 이곳 출신인 경우가 대부분이라고 했다.

이산 지방이 방콕에 비해 덥다는 소리를 익히 들은지라 각오는 했지만 정말 거리에 다니기가 어려울 정도로 더웠다. 아직 본격적인 더위가 시작된 것이 아니라는데 4월이 되면 어떻게 견디나 싶다.

그런데 갑자기 비가 엄청나게 쏟아졌다. 오랜만에 만난 시원한 빗줄기를 반가운 마음으로 지켜보았다. 대지와 만나는 울림은 장엄한 연주처럼 들렸다. 그러더니 그렇게 쏟아지던 비는 교관의 말처럼 30분 정도

01

02

01. 교관이 협동활동한 체육관

02. 교실이 환해졌어요

03. 칠 벗겨 내기

04. 페인트 섞기

05. 칠하기

내리고는 언제 그랬냐는 듯이 그쳤다.

점심 식사는 학교 선생님과 학생들은 물론 동네 사람들이 함께 준비한 음식을 먹었다. 정성이 가득한 푸짐한 음식을 먹고 나니 기분이 정말 좋았다. 저녁에는 쏨땀 만드는 것을 배우며 같이 준비했다. 식사 후에는 교관과 친하게 지냈던 사람들도 오면서 분위기가 뜨거워졌다. 태국 노래와 한국 노래를 번갈아 가며 부르다가 그 중 약간 뚱뚱한 남자 직원이 태국 춤을 가르쳐 주어서 모두들 신이 나서 따라 하며 흥겨운 밤을 보냈다.

철길 마을 봉사

한국에 달동네가 있듯이 방콕에는 철길 마을이 있다.

철길을 따라 마을이 형성되어 있는데 도시의 빈민들이 모여 살았다. 그들의 대부분은 오토바이 택시 운전사, 막노동 하는 사람, 파출부들이었다.

KOICA 선배 단원이 그곳에 있는 어린이집에 크리스마스 때 방문을 했는데 환경이 너무 열악하여 돕고 싶은 마음이 들었다고 한다. 그는 장판이라도 바꿔주고 싶어서 한국 기업과 접촉을 하여 무료로 지원을 받았고, 노력 봉사는 우리 단원들이 하기로 의견을 모았다고 했다. 노력 봉사는 KOICA 단원이 직접 하기로 했다. 마침 학기가 끝나고 방학이 시작되는 시점이어서 나도 기꺼이 참여하겠다고 했다.

현장에 도착하여 좁은 골목골목을 들어가니 단층으로 된 어린이집이 있었다. 제법 넓었다. 마을 이장이 나와서 일을 진행했다. 동네 아이들도 나와서 뭘 하나 궁금한 듯 바라보았다.

우선 공간을 반으로 나누어 물건을 한쪽으로 옮긴 후에 장판을 깔고, 다시 물건들을 장판 깐 쪽으로 모두 옮겨놓고 장판을 깔았다. 짐이 많기는 했지만 봉사하러 온 단원들이 많아서 시간이 그리 오래 걸리지 않았다. 그동안 나와 두세 명은 수돗가에서 의자를 씻었다.

예상보다 일이 빨리 끝나자 벽에 페인트칠을 하기로 마음을 모았다. 페인트를 사온 뒤 점심을 먹었다. 한인 상가에서 김밥을 후원해 준 것과 동네에서 마련한 음식이 푸짐했다. 동네 사람들과 아이들도 모두 모여서 화기애애하게 나누어 먹었다.

오후에 청소를 하고 페인트를 한 통씩 들고 칠을 했다. 콘깬에서 칠해 본 경험이 있어서 좀 더 능숙하게 할 수 있었다. 건물이 낡아서 칠하는데 애를 먹었지만 다하고 나니 확 밝아져서 좋았다.

일을 하면서 선배 단원들과 후배 단원들의 화합의 장이 만들어졌다.

01. 장판을 바꾸기 전 / 02. 장판을 바꾼 후

임지가 먼 단원과는 이야기를 나눌 기회가 거의 없고, 같은 기수가 아니면 만날 일이 별로 없는데 기수를 초월해서 격의 없는 대화가 오고가니 너무 좋았다. 봉사다운 봉사를 한 것 같았다.

노동자 교육 보조

현지교육 때 태국 노동부에 파견된 선배 단원의 말에 따르면 태국에 KOICA 단원을 다시 파견한 것은 한국으로 취업하려는 노동자들의 합격률을 높이기 위해 시작된 것이라고 했다. 그러니 각자 임지에서 활동하면서 노동자를 가르칠 수 있는 여력이 있으면 시간이 되는 대로 협조를 해달라고 요청했다.

그래서 1년 정도 학교 수업의 경험을 쌓은 뒤 긴 방학이 되자 노동자 교육 참관을 하고, 돕고 싶다는 뜻을 밝혔다. 선배 단원은 환영했다. 30명 정도 되는 수강생을 혼자서 1주 동안 강의를 해서 성과를 내는 일이 쉽지 않아 보였다. 태국 노동부의 상황이 여의치 않아서 길게 잡아서 할 수가 없다고 했다.

아침 일찍부터 오후까지 강의를 하는 사람도 힘들지만 수강생들도 목표 의식이 없으면 하기 힘든 과정이었다. 단기간에 어느 정도 한국어의 체계를 익혀야 하기에 교재 중심 문법 위주로 설명을 해야 하기 때문에 말하기 듣기는 소홀할 수밖에 없었다.

나는 수업 시간에는 보조교사로 수업 진행을 도와주고, 쉬는 시간에는 학생들의 질문이 있으면 설명해 주면서 가깝게 지냈다.

짧은 방학인 10월에도 연락을 했더니 과정이 2주로 늘어났다고 했다. 첫 주는 기존 방식대로 하고 두 번째 주에는 말하기, 듣기 연습을 위주로 수업할 예정이라면서, 그 교육과정을 늘리기 위해서 선배 단원은 태국 노동부와 오랜 협상을 했다고 한다. 바람직한 방향이라고 박수를 보냈다.

나는 일정을 맞추어 노동부 교육장으로 며칠 출근해서 말하기 연습하는 것을 도왔다. 선배 단원과 역할을 나누어서 대화 글을 먼저 읽어준 뒤, 학생들이 연습할 때 발음을 정확하게 내는지 들어 보고 교정해 주었다.

노동자 교육 보조

한국문화 캠프

▪ 동기 단원에게 무한한 가족애를 느끼다

한국문화 캠프를 협력사업으로 4월 30일부터 5월 2일까지 치렀다.

태국은 다른 나라에 비해서 경제 사정이 좋은 편이어서 KOICA에서 시행하는 현장사업을 하기가 적절하지 않은 곳이었다. 단원들이 현장사업에 의지를 보이지 않으니 사무소 측에서 10월 평가회 때 적극적으로 협력활동을 해보라고 권유하였다.

우리 전기수인 30기는 1일 봉사활동을 계획하였고, 우리 31기는 한국문화를 체험해보게 하는 '한국문화 캠프'를 여는 쪽으로 의견을 모았다.

그런데 학기 중에는 단원들의 임지가 전국에 흩어져 있어서 학기 중에 3일간 모여서 캠프를 연다는 것은 거의 불가능했다. 그래서 방학 중에 하기로 했고, 가장 적절하다고 여겨지는 시기를 쏭크란 축제가 끝난 뒤인 4월 말로 정했다. 장소는 김강영 선생님이 파견된 방콕 찬드라 까셈 라차팟 대학교로 정했다. 그 학교 학생 수가 2만 명이어서 제법 규모가 있었고, 방콕에 파견된 다른 단원들의 학생도 참여 가능하기 때문이었다.

기수 대표인 김강영 단원과 깜팽펫에 있는 함윤희 단원이 주도적으로 1월 초부터 일을 진행했다. 함윤희 단원은 여러 차례에 거쳐 이메일을 발송해 단원들의 의견을 묻고 태국사무소 측과 협의하면서 계획안을 확정했다. 몇 번이나 계획을 수정하고 수정했다. 참으로 지난한 작업이 아닐 수 없었다.

게다가 행사 기간 첫날에 자이카 단원이 와서 보는 것과, 신규 단원이 참관하는 것이 어떻겠느냐는 사무소의 제안을 수렴해야 하는 일도 있었다. 나쁘지 않은 제안이지만 처음으로 하는 행사이고 변수가 많은 일이어서 자이카는 다음 기회에 초청하자고 했다.

2월에는 모두 모여서 구체적으로 행사를 어떻게 할 것인지 의논했다. 홍보를 어떻게 하고, 학생들을 어떻게 모집할 것인지, 참가비를 받는 것이 좋은지 아닌지, 각 파트별로 어떻게 진행을 할 것인지, 수료증을 어떤 식으로 만들 것인지 정했다. 참가비에 대해서 긴 시간을 두고 협의를 했는데 최소한의 참가비를 거두는 것이 참석 여부를 확실하게 하고 중간에 빠지는 일을 줄일 것이라는 쪽으로 의견이 모아졌다. 그 이후에도 삼삼오오 조별로 협의를 계속했고, 행사 일주일 전에 모두 유숙소에 모였다. 필요한 물품들을 사고, 팀별로 준비를 했다.

무엇보다도 염려되는 일은 참석 인원이었다. 참가비를 낸 신청자는 그리 많지 않았기 때문이다. 본부에 제출한 참석 예정 인원이 80명이었다. 단원들이 있는 각 대학에서 20명 정도씩을 모집한다는 계획이었던 것이다. 그런데 찬드라 까셈 대학교에서는 신청자 명단만 있을 뿐 참가비를 받지 않아서 알 수가 없는 일이었고, 톤부리 대학교는 참가비를 낸 학생만 접수를 했는데 2명이라고 했다. 가세삿 대학교는 알려야 하는 시기를 놓쳐서 한 명도 없는 실정이었다. 그래서 가세삿 대학교와 찬드라 까셈 대학교에 인선, 다솔, 진희 단원이 한복을 입고 캠프 안내서를 홍보하기도 했다. 더운 나라에서 고생이 말이 아니었다.

행사 일주일 전에 본격적으로 행사 준비를 논의했다. 전체적인 진행을 점검하며 각 파트별로 주 진행자가 행사를 설명하고 보조 진행자, 사진 찍는 사람을 정했다. 행사 준비에 필요한 작업들도 함께했다. 며칠 동안 12시 전에는 잠잘 생각을 할 수 없었다.

내가 맡은 파트는 김치와 김밥이었다. 나는 행사 2일 전에 김치를 1차로 담갔다. 김치 만들기 하는 날에 익은 김치도 맛보도록 하기 위해서였다. 방금 만든 김치를 좋아하는 사람도 있지만 대부분은 맛있게 익은 김치를 더 좋아했다. 알타리김치는 성당 교우에게 부탁해서 조금 준비했다.

행사 장소는 100석 규모의 회의장이었는데 넓고 깔끔하고 시설도 잘되어 있었다. 참석 인원에 비해 테이블이 너무 많은 것 같아서 뒤에 있는 세 줄은 접어서 세워 두는데 테이블이 제법 무거웠다. 젊은 남자인 인선 단원이 일이 있어서 먼저 가버려 여자들이 3인 1조가 되어 작업했다. 나중에 김남영, 김강영 단원이 오셔서 도와주었지만 에어컨을 켰는데도 더웠다. 김강영 단원이 사온 시원한 커피가 오아시스였다.

한국어 수업은 한글자모반과 회화반으로 나누기로 해서 교실이 하나 더 필요했다. 우리가 주로 사용할 세미나실 바로 가까이에 조금 작은 세미나실이 있어서 그곳에 세팅했다. 민속놀이를 진행할 팀은 강당으로 가서 장소를 확인하고 왔다.

■ 행사 첫째 날

긴장된 마음으로 학생들을 기다리는데 프로그램을 시작할 9시가 되어도 15명 정도밖에 오지 않았다. 낭패가 아닐 수 없었다. 태국 사람들이 시간을 잘 안 지키는 것을 감안하더라도 심각한 수준이었다.

행사를 주최한 학교인 찬드라 까 대학교에서는 김강영 단원이 신청자들에게 전화를 해서 확인까지 했는데 거의 나타나지 않았다. 김강영 단원은 '회피하는 거짓말'을 잘하는 태국인의 특징을 몰랐기에 몹시 실망하고 난감해 하는 표정이었다.

뒤늦게 200명에게 메일을 보냈다는 가세삿 대학교에서는 6명이 왔고, 톤부리 대학교에서는 참가비를 낸 2명마저 오지 않았다. 거의 시나카린위롯 대학교에서 온 학생들이었다. 다솔 단원이 적극적으로 홍보하고 참가비까지 챙겨서 받은 결과였다.

20명이라도 넘었으면 좋겠다는 소박한 소원을 했더니 다행히 띄엄띄엄 와서 23명이 되었다.

더 기다릴 수 없어 9시 반에 시작을 했다. 시니어 단원 김남영 단원과 함윤희 단원이 환영 인사를 간단히 한 뒤, 단원들이 모두 단상에 올라가 각자 자기소개를 하고 한국어 수업을 진행했다.

예상보다 학생 수가 적어서 반을 나눌 필요가 없어서 다솔 단원이 함께 맡아서 했다. 가라앉은 분위기를 다솔 단원 특유의 유쾌함으로 잘 이끌어 갔다.

오후가 되어 김인선 단원과 안진희 단원이 신랑신부처럼 한복을 입고 한복 체험교실을 재미있게 진행했다. 대본을 써서 열심히 연습하더니 학생들의 시선을 집중시켰다. 한복의 이름을 익히기 위해 직접 모델이 되어 재치 있는 말을 주고받으며 가끔 선물 공세도 펼쳐서 분위기가 아주 좋았다.

절하는 법을 배울 때 남자와 여자로 나누어 진행했다. 남자는 남영 단원이 가르치고, 여자는 진희 단원과 윤희 단원이 시범을 보이며 가르쳐 주었다. 진희 단원은 앉았다가 잘 못 일어나서 웃음을 안겨 주었고, 윤희 단원은 하도 많이 하다 보니 다리가 아플 것 같았다. 남녀학생 모두 진지하게 보고 따라 했다.

색종이로 한복을 만드는 것은 간단한 과정으로 골랐는데 학생들의 솜씨가 좋아서 아주 예쁘게 만들었다. 어떤 학생은 자기 사진을 오려서 붙여 자신이 한복을 입은 것처럼 만들고, 어떤 학생은 한복 치마 만드는 것만 가르쳐 주었는데 바지, 저고리도 만들었다.

한복 입어 보기는 더욱 좋아했다. 남녀 한복 각각 4벌씩 있으니 자신이 입어 보고 싶은 것을 골라서 입혀 주었다. 나와 은지 단원은 입는 것을 도와주고 미라 단원과 인선 단원은 사진을 찍어 주었다. 수료증에 한복 입은 사진을 넣어 주기로 했기 때문이다. 학생들 각자가 모델이 되어 포토 존에서 사진을 찍도록 했더니 무척 좋아했다. 화기애애한 시간이었다. 일정이 조금 일찍 끝나 학생들에게 다른 한복도 입어 보라고 했더니 어떤 여학생 네 명이 남자 한복을 입어보고 싶어 했다. 이색적인 광경이었다.

■ 행사 둘째 날

음식 만들기와 한국어 두 번째 수업이 있는 날.

음식 담당인 나와 은지 단원은 전날 밤에 미리 김밥 재료와 김치 재료를 준비했다. 그리고 아침 5시에 일어나서 밥을 하고 소금, 참기름, 깨소금을 넣어서 양념을 해놓았다. 7시 정각에 출발 준비가 완료되었

01. 02. 03. 절 배우기 / 04. 05. 한복 색종이 접기

고, 마침 공휴일이어서 택시 타고 가는 것이 어렵지 않았다.

김치를 만들 테이블 위에 준비해 온 것들을 올려놓았다. 배추 세 포기, 그 옆에 실파와 부추, 고춧가루 굵은 것과 가는 것, 마늘과 생강, 찹쌀 풀, 새우젓과 새우 끓인 물을 차례대로 놓았다. 나는 어떻게 진행할 것인지 생각하며 마이크로 내 목소리가 어떻게 나오는지 확인하고, 시나리오를 연습했다.

참가 인원이 두 명 늘었다. 톤부리에서 참가비를 내고 오지 않았던 학생들이 온 것이다. 그래서 25명이 되었다. 오붓하게 진행할 수 있는 숫자였다.

본 프로그램에 들어가기 전, 학생들이 다 모일 때까지 윤희 단원이 독도는 우리 땅이라는 것을 알리고 싶다고 했다. 학생들에게 선물로 주려고 준비한 것에 독도 그림이 들어간 것이 제법 많아서 독도 영상을 보여준 뒤 퀴즈를 내었다.

다음 순서는 내가 진행했다.

'한국을 좋아하는가, 한국 사람을 좋아하는가, 한국 음식을 좋아하는가'라며 대화하듯이 물은 뒤, 한국 음식을 알고 있는지 물어보았다. 가장 많이 아는 사람에게 선물을 주겠다고 했더니 금방 열기가 달아올랐다. 선생님도 태국 음식을 좋아한다고 하면서 쏨땀, 얌꿍, 팟타이를 만들 수 있다고 하니 호감을 가지는 분위기였다.

반크에서 제작한 한국 음식에 대한 소개 영상을 보게 한 뒤 은지 단원에게 마이크를 넘겼다. 맛의 종류와 음식 만들기에 필요한 동사를 설명하고 나서, 연예인 U-kiss가 나오는 7분짜리 김치 만드는 영상을 보여 주었다.

잠시 휴식 시간을 가진 뒤 김치 만들기 코너로 자리를 옮겼다. 김치 만드는 것을 보고 싶다는 교수들과 직원들, 카메라맨까지 와서 사람이 제법 많았다. 테이블 둘레에 의자를 놓고 앉아서 보게 하고, 만드는 과정에 학생들을 참여시켰다. 우선 무를 써는 것을 시범을 보인 뒤, 잘 한다고 생각하는 사람 3명이 나와서 썰라고 했다. 부추와 파를 썰 사람도 나오라고 했다. 무를 다 썰었을 때 속을 만들 사람을 나오라고 하니 태극무늬가 그려진 옷을 입은 여학생이 나왔다. 비닐장갑을 끼워 주고 고춧가루 넣은 무를 비비라고 했다.

나는 재료 설명을 하면서 넣어 주었다. 고춧가루를 맛보라고 했더니 매울까 봐 겁을 내서 조금씩만 입에 넣고는 맵지 않다고 했다. 태국 고추라면 입이 아렸을 텐데. 새우젓 냄새를 맡게 했더니 처음 맡는 냄새라고 했다. 속이 만들어지자 맛을 보게 했다. 배춧잎을 뜯어 속을 올려서 맛볼 신청자를 받았다. 간이 어떤지 물었다. 세 명 모두 좋다고 해서 학생 6명을 나오라고 하고 배추에 속을 넣게 했다. 학생들은 속을 너무 많이 넣어서 뚱뚱하게 만들었다. 그래서 내가 모양을 잡아 주었더니 그것을 보고 곧바로 수정했다. 만든 김치를 예쁘게 담아 놓고, 김치 시식을 하게 했다. 금방 담은 김치와 며칠 전에 담아서 맛이 든 김치, 알타리 김치 세 가지를 접시에 담아 주었다.

시간이 다 되어서 김밥 코너로 이동하게 했다. 나는 속을 조금 더 만들어 학생들이 만들어 놓은 김치를 풀어서 먹기 좋게 찢어 새로 버무려 놓고 김밥 만드는 코너에 갔다.

01. 태극기 티셔츠를 입은 참가자 / 02. 김치는 건강에 좋은 음식이에요 / 03. 김치 속 넣는 거 재미있어요
04. 김밥 제가 말았어요 / 05. 한국 음식 이름 몇 개나 알까요? / 06. 독도 소개하기

학생들이 김밥을 큼직하게 만들어 썰어서 먹고 있었다. 나를 보더니 하나씩 입에 넣어 주었다. 몇 개 먹고 나니 배가 불렀다. 맛있었다. 참치를 마요네즈와 양파를 넣고 버무려 넣었더니 달콤한 맛이 가미되어 아주 맛있었다. 학생들도 아주 만족스런 표정이었다.

오후에 장다솔 단원의 한국어 두 번째 수업이 있었다. 새로 파견된 후배 단원들이 와서 수업 참관을 했다.

숫자와 관계된 수업을 했는데 '하나, 둘, 셋…'을 할 때 마사지 게임을 할 때 모든 단원들이 학생들 사이사이에 들어가서 분위기가 더 화기애애해 졌다.

'일, 이, 삼, 사…'를 지도할 때는 '일 더하기 일은 귀요미, 이 더하기 이는 귀요미…'가 나오는 '귀요미송'에 우리 단원 6명이 무대에 올라가 춤을 추게 되어 있었다. 다솔 단원과 인선 단원이 앞부분을 하다가 노래 중간에 숫자 1~6까지 하나씩 맡아서 귀여운 포즈를 취하는 것이었다. 나는 '4'를 맡았다. 어떻게 하면 귀여울지 거울을 보며 연습했다. 환갑을 넘긴 남영 단원이 머리에 손을 올리고 두 손가락으로 귀여운 포즈를 취하는 것은 정말 압권이었다.

다솔 단원의 신호에 따라 무대에 올라가 연습한 대로 했다. 우리가 시범을 보인 후, 학생들도 앞에 나와서 하는데 너무 귀엽고 재미있었다. 나중에는 신규 단원까지 합세해서 모두가 어우러지는 분위기였다.

윷놀이

■ 행사 셋째 날

민속놀이와 봉선화 물들이기를 하고 수료식을 하는 날.

민속놀이를 시작하기 전에 준비운동으로 '줌마 춤'을 추기로 했다. 그런데 학생들이 늦게 와서 하지 못했다.

이미라 단원이 전통 놀이를 하는 방법을 설명했다. PPT 자료를 보여 주며 방법을 차근차근 시연을 했다. PPT 자료를 아주 잘 만들어서 남영 단원이 교육 자료 콘테스트에 보내면 1등 할 거라고 하였다.

학생들 팀을 셋으로 나누고, 신규 단원도 세 팀으로 나누어 학생들 팀에 합류했다. 그리고 코너별로 돌아가며 20~25분씩 놀이를 했다.

내가 맡은 것은 고누 팀이었다. 두 명의 학생이 가위바위보를 해서 순서를 정한 뒤 시작하게 하고, 하는 방법을 보여 주었다. 학생들이 금방 익히고 재미있어 했다.

내 팀이 쉴 때 비석치기 하는 것을 보러 갔다. 학생들이 진지하게 열심히 했다. 어떻게 하든 비석을 쓰러트려 보려고 온갖 몸짓을 하는 것이 너무 웃겼다. 제기차기 하는 곳에 가서 보니 여학생이 9개를 차서 제일 잘했다. 윷놀이 하는 곳에도 가보니 윷이 아주 컸다. 다솔 단원과 윤희 단원이 열심히 지도하고 있었다.

단체 줄다리기를 위해 줄을 펼 때 나는 오후에 수업이 있어서 짐을 쌌다. 그리고 몇몇 사람에게만 살며시 인사를 하고 나왔다.

같이 끝까지 해야 하는 것이 마땅하지만 직원 특강을 하러 가야 했다. 오후에 있는 수료식에 참석하지 못해서 아쉬웠다.

■ 행사 후기

김강영 단원이 말한 것처럼 우리 팀이 보통 팀은 아닌 것 같다.

외유내강형으로 당차게 일을 벌이고 꼼꼼하게 진행해 나가는 함윤희 단원, 그 옆에서 맏언니처럼 윤희 단원을 도운 은지 단원, 방콕 미녀 삼인방-센스쟁이에 재간둥이 진희 단원, 활달하고 다재다능한 다솔 단원. 예리한 감각을 가진 미라 단원. 그리고 아가씨들 사이에 끼어 꿋꿋

수료식

하게 자신의 역할을 하며 힘든 일을 도맡아 하는 젊은 오빠 인선 단원, 나이가 제일 많지만 언제나 분위기를 유쾌하게 이끄는 남영 단원, 늘 허허거리며 단원들 대단하다며 칭찬을 아끼지 않고 아빠처럼 든든하게 뒷바라지 해주는 강영 단원, 엄마 역할을 맡은 내가 있다.

이 모든 것이 잘 어우러져서 즐겁게 해내지 않았나 싶다. 밥도 챙겨 먹는 둥 마는 둥 하면서 젊은이들이 앞장서서 열심히 했고, 시니어는 시니어대로 할 수 있는 일을 찾아서 했다. 이렇게 각자가 가진 능력을 최대한 모은 것이 이번 캠프가 아니었나 싶다.

참가자가 적었던 것이 조금 아쉽기는 해도 참가했던 학생들에게는 좋은 경험이 되었다는 말을 많이 들었다. 이번 캠프에 참가한 25명이 한국 문화를 전파하는 밀알이 될 것이라고 확신한다.

추억의 페이지를 하나씩 열 때마다 그 시간들이 생생히 떠올라 작업하는 내내 행복했다. 떠날 때 기대했던 것 이상으로 많은 경험을 하고 돌아왔다.

서울대 최인철 교수는 '행복' 강의에서 두고두고 행복하기 위해서는 소유하려고 하지 말고 경험을 많이 사라고 했다. 맞는 말이라고 생각한다. KOICA 봉사단원으로 살았던 경험들은 나를 언제까지나 행복하게 해줄 것이다

어린 시절 호기심 어린 눈으로 영어 선생님을 바라보았던 내가, 나와 같은 학생들을 만났으니 어찌 즐겁지 않았겠는가. 그렇지 않아도 선생님이라는 직업이 세상에서 가장 맑은 영혼을 만나는 행복한 일이라고 평소에 생각하고 있었는데 우리나라에 호감을 갖고 있는 외국 학생들에게 한국어를 가르치는 일이었으니 행복감은 이루 말할 수가 없었다. 그래서 내가 가진 노하우에 사랑을 가득 담아 아낌없이 주었고, 그들에게서 진심 어린 감사의 마음도 듬뿍 받았다. 그 진한 느낌은 시간이 흘러도 여전히 그대로 남아 있다.

우리나라를 대표하는 봉사자의 신분으로 생활하는 것도 나름 재미있었다. 외국을 여행할 때 사람들을 만나는 것은 단순히 스쳐가는 일이지만, 거주하면서 사람들과 교류하는 것은 정말 민간 외교관의 역할을

하는 것 같았다. 가끔 행동의 제약을 받는 불편함이 없지 않았지만 기꺼이 기쁘게 할 수 있었다.

활동을 하는 데 있어서 나이가 많거나 혹은 아줌마라서 불편하거나 장애가 되는 일은 없었다. 오히려 젊은 단원들의 말처럼 아줌마 특유의 친화력으로 사람들과 금방 가까워질 수 있는 장점이 있었고, 무에서 유를 창조하는 아줌마 근성으로 안 되는 일이 거의 없었다. 기관에서도 젊은 단원들보다 비중 있게 대하는 분위기여서 불필요한 절차나 갈등이 적었다.

KOICA 본부에서도 시니어 단원들의 활약이 젊은이 못지않다고 판단해서인지 시니어 단원들의 연령 제한도 폐지했다고 한다. 젊은 단원들만 파견하는 것보다 시니어와 같이 있을 때 단합이 잘되고 성과도 좋다는 것이 반영된 것 같았다. 이렇게 KOICA의 문이 활짝 열렸으니 해외봉사에 뜻을 둔 사람들은 준비만 잘하면 언제든지 기회가 있다는 것을 알리고 싶고, 도전해 보라고 권하고 싶다.

하지만 본문에서도 언급했듯이 해외봉사가 장밋빛만 있는 것이 아님을 분명히 하고 싶다. 엄청 행복감을 안겨 주는 일이기는 하지만 변수가 많고 위험 요소도 많다.

건강과 안전에 대해 KOICA 본부에서 최상의 시스템을 갖추어 지원하고 있고, 만일의 경우를 대비해 본인도 각별히 신경을 쓴다고 하더라도 사건 사고가 제법 나곤 했다. 대부분 파견되는 나라는 교통 여건이 좋지 않거나 환경이 열악한 경우가 많기 때문이다. 한국에서는 멀쩡했는데 몸에 이상이 생겨서 중간에 포기하거나, 기관에서 단원을 무책임하게 방치하거나 기관과 갈등이 심해서 스트레스를 엄청 받기도 했고, 드물게 아내의 빈자리에 적응을 하지 못하는 남편 때문에 돌아가는 경우도 있었다. 2년을 무사히 마치는 것이 그리 녹녹한 일은 아니었다. 그런 온갖 변수를 극복하고 무사히 다녀온 일은 내 인생에 있어서 제일 잘한 일 중에 하나가 아닌가 싶다.

누군가 봉사활동을 다녀온 후에 뭐가 달라졌느냐고 묻는다면 두 가지를 말한다. 가족 간의 사랑이 더 단단해졌다는 것과 봉사의 개념과 범위가 확대되었다는 것이다. 같이 있는 것만으로도 행복한 것이 가족이라는 것을 절실히 깨달았기 때문에 끈끈한 가족 사랑을 위해 더 노력하고 있고, 나의 손이 필요한 시민 단체에서 봉사활동을 하며 바쁘게 살고 있다. 그런 면에서 KOICA가 삶의 터닝 포인트가 되어 주었다고 생각한다. 남은 인생을 심기일전해서 가족과 사회에 보탬이 되는 삶을 살 수 있도록 말이다.

쑤쑤 아줌마! 쑤쑤 코이카!

한국해외봉사단, 나눔과 봉사를 실천합니다

한국해외봉사단,
나눔과 봉사를
실천합니다

https://kov.koica.go.kr

01

World Friends Korea는 무.엇.인가요?

● ● ● 월드프렌즈코리아(World Friends Korea, WFK)는 우리나라 정부부처들이 개별적으로 추진해 오던 해외봉사단 사업을 단일브랜드로 통합한 새 이름입니다.

● ● ● "WFK"는 도움을 받는 나라에서 도움을 주는 나라로 성장한 경험을 통해, 개도국 이웃들의 어려움을 누구보다 공감하는 우리 국민들의 따뜻한 마음을 표현하는 이름입니다.

WFK는 '세계의 친구'로서 국제사회에 기여하는 한국인의 이미지를 더욱 선명하게 알리고, 앞으로 다 함께 잘 사는 인류사회 건설을 위한 아름다운 변화에 앞장설 것입니다.

WFK-한국해외봉사단
http://kov.koica.go.kr

WFK-대학생해외봉사단
http://kucss.or.kr

WFK-해외인터넷청년봉사단
http://www.nia.or.kr/kiv

WFK-중장기자문단
http://kov.koica.go.kr

WFK-개도국과학기술지원단
http://tpc.nrf.re.kr

WFK-퇴직전문가
http://www.nipa.kr

WFK-세계태권도평화봉사단
http://tpcorps.org

02

21세기 글로벌청년리더가 되는 길, WFK-한국해외봉사단

• • • WFK-한국해외봉사단은 2년간 개발도상국 주민들과 함께 생활하며 교육 및 직업훈련, 농수산업, 보건위생, 농촌개발 등 분야에서 기술 지원 및 교류 활동을 통해 그들의 삶의 질을 높이고, 더 나아가 우리나라와 파견국의 상호이해증진에 기여하게 됩니다. 귀국 후에는 해외봉사활동 경험을 우리 사회에 환원하고 21세기 글로벌 인재로서 능력을 발휘하는 기회가 될 수 있습니다.

WFK 한국해외봉사단은 개발도상국의 지속 가능한 경제 사회발전을 돕기 위한 공적개발원조 ODA 사업의 하나입니다.

WFK-한국해외봉사단 파견유형

일반봉사단, 시니어봉사단, 국제협력요원(국제협력봉사요원 국제협력의사)으로 나뉘며, 봉사정신이 투철하고 심신이 건강한 만 20세 이상 대한민국 국민이면 누구나 지원할 수 있습니다.

일반봉사단원

군복무를 필하였거나 면제된 자로서 해외에서 봉사활동을 수행할 수 있는 일정 수준의 자격을 갖춘 만 20세 이상 단원

시니어봉사단원

파견분야 10년 이상의 근무경력과 전문성을 갖춘 만 50세 이상 단원

국제협력요원

해외봉사활동으로 병역의무를 수행

국제협력봉사요원 : 현역병 입영 대상자 또는 보충역으로 병역 처분을 받은 자 중 일정 수준의 자격과 건강을 갖춘 요원
(복무기간 30개월 중 국외복무 24개월)

국제협력의사 : 병역법에 의해 국제협력의사로 편입이 가능한 의사 자격증 소지자(전문의 우대, 복무기간 36개월중 국외복무 28개월)

03

WFK
한국해외봉사단 모집
다양한 분야와 직종을
선발합니다

WFK-한국해외봉사단은 도움이 필요한
세계 각지에서 활동합니다.

WFK 한국해외봉사단 활동인원: 1,636명(2012년 11월 기준) 지난 스물두 해 동안 65개국에 9,700여 명이 파견되었습니다

교육

취학연령아동들이 대상으로 하는 기초교육기관, 성인을 대상으로 하는 중등교육기관, 미취업자 및 구직자를 위한 직업훈련학교에서 활동하며, 전반적인 인적자원개발을 지원하고 있습니다.

직종 과학, 미술, 미용, 수학, 요리, 체육, 유아교육, 음악, 직업훈련, 특수교육, 한국어 등

보건

병원, 보건소 등에 파견되어 위생환경 개선, 전염병 예방, 모자보건 증진을 위해 활동하고 있습니다.

직종 간호, 물리치료, 방사선, 보건일반, 영양관리, 임상병리, 작업치료, 치위생

공공행정

정부부처, 관공서, 학교 등에서 활동하며, 개발도상국과 선진국간의 정보격차 해소를 목표로 우리나라의 우수한 행정경험을 전수하고 있습니다.

직종 경영, 경제, 관광, 마케팅, 박물관, 사서, 사회복지, 통신기술

산업에너지

경제개발의 근간이 되는 산업 및 에너지 분야에 파견되어 관련 기술을 전수하고 있습니다.

직종 건축, 공예, 기계, 섬유/의류, 식품가공, 용접, 자동차, 전자, 토목 등

농림수산

개발도상국 농어촌 주민들과 함께 생활하며 지역의 소득증대, 생활환경 개선을 위해 활동하고 있습니다.

직종 농경제, 농기계, 농업일반, 수산양식, 수의사, 원예, 임업, 지역사회개발, 축산

04

WFK
한국해외봉사단원
모집부터 출국까지
살.펴.보.기

모집선발상담센터 ☎

1588-0434

01 지원서접수

해외봉사단 모집기간 중 홈페이지에서 온라인지원서 작성 및 제출

02 서류전형

학력 경력 자격증 등 직종 전문성 평가

03 면접전형 (인성검사)

직종 전문성 평가 및 봉사자의 기본자세와 소양 점검

04 신체검사, 신용 및 신원조회

05 국내훈련 (4주 합숙훈련)

봉사정신 함양, 언어 · 소양 · 실무 · 안전관리교육 실시

06 출국 및 현지적응훈련(8주)

해외봉사단 지원서는 봉사단모집홈페이지 http://kov.koica.go.kr에서 등록 · 접수하실 수 있습니다.

05

해외봉사단원 활동기간 중 지원내역 및 안전관리는 이렇게...

WFK 해외봉사단원은 국내훈련, 현지적응훈련 및 봉사활동기간 중 안전하고 효과적인 활동을 위해 각종 지원을 받게 됩니다.

파견 전

국내훈련기간

국내훈련수당 및 훈련용품 지급

예방접종 및 휴대용 안전장비 지급

재해보상

출국준비기간

여권 및 비자발급 지원

왕복항공료 및 화물탁송료 지원

출국준비금 지급

파견 후

현지정착비

주거비 및 생활비

봉사단원 파견국 물가수준 고려 지급

활동지원

활동물품구입비, 현장사업비 등

봉사단 유숙소 운영(수도에 한함)

건강 및 안전 관리

- 재해 및 상해보험 가입
- 긴급후송서비스(SOS) 재난발생시 안전한 지역으로 후송
- 의료지원 상해 · 질병 치료비 지원 / 연간 정기 건강검진 실시 / 24시간 의료상담

KOICA 안전종합상황실

해외 긴급상황발생시 신속 대처할 수 있도록 24시간 운영합니다.

031.740.0640

06

해외봉사단원 활동종료 / 귀국 후 다양한 기회가 제공됩니다

KOICA 지원 및 기회제공

임기를 종료하고 귀국한 단원들에게는 신속한 국내 적응을 돕기 위해 국내정착금 및 취업 정보지원, 장학 혜택, 국제협력사업 참여기회 등이 제공됩니다.

국내정착지원금 지급

파견기간 중 적립한 소정의 금액(월50만 원)을 국내정착지원금으로 일시 지급

취업지원센터 운영

귀국단원들의 국내정착 위한 취업지원센터 운영
해외취업정보제공 해외유망직종안내, 구인정보 제공

국제협력활동 지원

KOICA 직원채용시 우대 귀국봉사단원이 직원이 되면 봉사기간 경력 인정

장학금 지원

봉사 활동 분야 및 국제개발협력 관련분야 석 · 박사과정 진학 시 심사를 거쳐 장학생 선발

국내 봉사단네트워크

한국해외봉사단원연합회(KOVA) 봉사활동 경험을 살려 봉사문화정착과 제3세계 지원 등 공익적 사회활동을 목적으로 하는 귀국단원들의 모임
지역 커뮤니티 수도권 포함 총9개 국내 지역별 커뮤니티 운영

"주고오려 했는데 더 많은 걸 받아 왔어요"

해외봉사활동은 흔히 많은 것을 포기하고 희생하는 것으로만 여겨집니다. 그러나 경험해 본 이들은 오히려 얻은 것이 더 많다고 합니다.

"실질적 성과를 거두는 것도 중요하지만 그들 가운데 하나가 되는 것이 더 중요하다.... 혼자 할 수 있는 일이 거의 없었다. 그래서 도움을 주려고 왔는데 오히려 도움을 받고 간다."

안예현(도시계획, 2007-2009, 네팔에서 활동)

내가 가진 능력을 나누는 것은 보람 있는 일이며,
성숙한 인격을 완성하는 지름길입니다

"해외봉사활동, 그 특별함"

"다른 사람에게 내게 있는 것을 나누어 줄 때 그만큼 좋은 무언가가 내 안에 채워지는 것을 경험했다"

김영동(간호, 2007~2009 페루에서 활동)

한국국제협력단(KOICA)은 대한민국의 자랑스러운 이름을 지구촌에 널리 알릴 수 있습니다.

"시간이 지날수록 한국인이라고 알게 되고, 돈이 목적이 아닌 봉사, 나누러 왔다는 걸 알고 고마움을 표하는 사람들이 많아졌다"

김유신(사회복지, 2007~2009 방글라데시에서 활동)

07

더 좋은 세상
함께 만들어가요

Making a Better World Together

우리 정부의 대개도국 무상협력사업을 전담 실시하는 외교통상부 산하 정부출연기관으로 1991년 4월 설립되었고 프로젝트, 해외봉사단파견사업, 국내초청연수 등 다양한 사업을 통해 개발도상국의 경제사회발전을 지원하고 있습니다.

해외봉사단 모집상담센터

주소 : 경기도 성남시 수정구 대왕판교로 825 (461-833)
한국국제협력단 월드프렌즈사업본부 1층
운영시간 : 09:00-18:00 (중식 12:00-13:00)
전국공통전화 : 1588-0434
팩스 : (031)740-0662
홈페이지 : http://kov.koica.go.kr
모집상담이메일 : kov1@koica.go.kr

대중교통편 안내

- **광역버스** : 6800번
(지하철 강남역3번, 양재역9,10,11번 출구 노변정류장 승차 - 나라기록관 앞 하차)
- **광역버스** : 1007, 1007-1, 5600, 6900
(지하철 수서역6번, 잠실역6번 출구 수원방향 승차 - 나라기록관 앞 하차)
- 협력단~양재역 순환차량(25인승) 일3회 운행
(양재역 9번출구 서초구민회관 앞 / 10:30, 14:00, 16:30 출발)

초판 인쇄 2015년 8월 28일
초판 발행 2015년 9월 1일

지 은 이 김경희
발 행 인 김영목
발 행 처 한국국제협력단
주 소 경기도 성남시 수정구 대왕판교로 825
전 화 031.740.0114
팩 스 031.740.0655
홈페이지 http://www.koica.go.kr

펴 낸 이 윤태현
편 집 선형숙
디 자 인 윤의숙
펴 낸 곳 시나리오친구들
출판등록 1999년 3월 5일 제201-13-917호
주 소 서울시 마포구 아현동 굴레방로1길 6
전 화 02.712.9286
팩 스 02.712.9284

ISBN 978-89-89538-64-6 (03810)
값 13,000원